HAYMON verlag

Marlen Pelny

Liebe / Liebe

Roman

Der Zug rollte im selben Moment los wie meine Tränen. Irgendetwas brannte und irgendetwas zischte. Ich hatte einen zischenden Kopf und eine brennende Möse. Es brannte nicht nur die Möse, sondern auch das Herz. Oder war es die Seele? Und unten an den Füßen juckte es wie verrückt. Nein, es juckte nicht, es kribbelte. Aber wenn ich mich setzte, weil die Füße sich gar nicht so anfühlten, als wären es Füße, auf denen man stehen kann, brannte die Möse nicht nur, sie stach und pochte und drückte. Also blieb ich stehen, oder wie auch immer man das nennen kann, was ich da tat.

Ute hatte von Natur aus große Augen. Sie waren so braun wie die von dem Bären, mit dem ich eine ganze Zeit lang mein Bett geteilt hatte. Aber jetzt hatte Ute Augen, so groß, wie keine Natur die Augen machen kann. Sie sagte meinen Namen und guckte immer so. Sie guckte mich an und dann guckte sie auf meine Hand an meiner Möse. Damit ich sehen konnte, wie sie guckte, wischte sie immer wieder mit einem weißen Tuch über den See in meinem Gesicht.

Der Zug und Ute waren in Ordnung. Nur die Zeit war es nicht. Längst hätten wir da sein, aussteigen und irgendwohin gehen müssen, wo ich noch nie gewesen war. Ich wollte gern schwimmen, mir eine Seife in den Mund stecken. Ich wollte, dass Ute mal pustete, die Möse tat so weh.

Der Zug fuhr durch meine eigene Landschaft. Ich hörte nicht, was Ute sagte. Etwas war zu laut. Ein furchtbares Schreien war das, oder ein Wiehern. Ich konnte nicht fragen, um mich herum hörte ich doch nur mich selbst. Wie furchtbar ich klang! So hatte ich mich noch nie weinen gehört. Ute musste Kopfweh haben. Sie hätte die großen Augen schließen sollen.

Dann bremste der Zug. Ich fiel in Utes Schoß. Sie packte mich und zog mich zu sich hinauf. Ich schwebte plötzlich. Und kalt war es plötzlich. Ute trug mich, ich griff nach ihrem Ohr. Neben uns fuhren Autos durch den Regen. Wir wurden von der Seite und von oben nass. Ich steckte mein Gesicht in Utes Hals und wunderte mich, wie lange sie mich tragen konnte. Mutter hätte mich längst schon abgesetzt. Mutter hätte mich gar nicht getragen. Mutter, wo war die eigentlich? Gerade als ich mich das fragte, stand sie in der Tür und benutzte jetzt das Tuch, das Ute benutzt hatte, um sich oder mich sichtbar zu machen. Sie hatte dieselben Augen wie Ute. Das war mir vorher nie aufgefallen. Jetzt stand sie ganz nah neben ihr, einen Moment lang konnte ich sie gar nicht voneinander unterscheiden. Sie schauten mich an und ich sah in zwei identische Gesichter. Eigentlich war Ute ganz anders als Mutter, wieso sahen sie sich dann so ähnlich? Ich wünschte mir, dass Ute nicht die Schwester meiner Mutter war. Ich wünschte mir, dass Ute *meine* Schwester war. Ich wünschte mir, dass Ute meine *Mutter* war.

Als Mutter fragte, wo es schmerzte, sagte ich, überall. Ich wusste es gar nicht, ich war so kompakt. Meine Möse war an meinem Kopf und meine Füße in Bauchnähe. Wie sollte Mutter das verstehen? Sie legte mich ins Bett. Wahrscheinlich hatte ich genauso große Augen wie Mutter und Ute. Ich schaute direkt ins Deckenlicht. Als Mutter zurückkam, erkannte ich sie nur an ihrer Stimme. Da, wo sie vermutlich war, sah ich nur einen großen weißen Fleck. Sie steckte mir ein neues Kissen unter den Kopf, damit ich nicht fror, in meinen Tränen.

Am Morgen zog ich kurze Hosen an, setzte mich auf den Stuhl, zog die Beine ran und roch an meinen Knien. Ich schien überall zu stinken. Ich zog den Pullover aus und roch an meinen Armen. Es lag an meiner Haut. Ich war im Ganzen nicht richtig verpackt. Ich biss mir in den Arm, sodass ein großer roter Fleck entstand. Ich machte das den ganzen Arm abwärts. Das Beißen tat auch weh, aber es war ein anderer Schmerz als am Tag davor.

Ute kam ins Zimmer. Sie hatte wieder ein weißes Tuch in der Hand und knubbelte daran herum. Sie versuchte irgendwas zu sagen, was ich, und vermutlich auch sie selbst, nicht verstand.

Ich hatte keine Ahnung, wie das Leben funktionierte. Ich wusste nicht, dass es in Jahre aufgeteilt war, in denen immer das Gleiche geschah. Ich wusste auch nicht, wie Jahre aussahen und wie oft sich der Zeiger auf der Uhr bewegen musste, bis eins verstrichen war. Aber irgendwann war immer Weihnachten. Dann sagte Mutter: „Wieder ein Jahr, das vergangen ist." Aber eigentlich fühlte sich Weihnachten an wie jeder andere Tag, abgesehen davon, dass ein Baum in unserer Stube stand. Der Baum stand sonst auch in der Stube, allerdings versteckt im Schrank. An Weihnachten holte Mutter ihn heraus und stellte ihn vor die Balkontür. Einen der Zweige musste sie jedes Jahr aufs Neue in den Stamm hineinstecken und hoffen, dass er sich nicht lockerte, bis Weihnachten vorüber war. Sie sagte: „Ich hoffe, dieses Mal hältst du bis zum Schluss durch", während sie den Baum präparierte. Aber immer, wenn sie in die Stube ging und überprüfte, ob der Zweig noch steckte, hörte ich sie stöhnen und dann knackten ihre Knie beim In-die-Hocke-Gehen.

Wenn sie die Lichterkette auf die Zweige legte, achtete sie darauf, dass sie diesen einen nicht berührte. Und wenn sie das Lametta verteilte, konnte ich dabei zusehen, wie sich ein roter Ausschlag auf ihren Händen ausbreitete.

Ich durfte dem Baum nicht zu nahe kommen. „Abstand halten!", hörte ich Mutter schon sagen, bevor sie es ausgesprochen hatte. Also tat ich das. Ich rückte in die hintersten Winkel und beobachtete das Glänzen unseres Plastikbaums, das Blinken unserer Lichterkette, die Gestalten, die sich aus dem Teppichmuster und der Tapete ergaben, ihre Hände, meine Hände, den Schnee, den Regen, die Sonne, das Wetter, jeden Tag. Ich zählte nicht mit, wie oft Mutter „Wieder ein Jahr, das vergangen ist" sagte. Aber manchmal wurde ich schrecklich müde und dann wünschte ich mir, dass ich das nächste

Jahr hindurch schlafen könnte, bis Mutter wieder den Zweig in den Baum stecken würde. Aber jeden Morgen knallte die Tür gegen mein Bett und Mutters „Aufstehen!" in mein Ohr. Jeden Morgen, jedes Jahr. Aber ich sah nicht den Jahren beim Vergehen zu, ich sah Mutter beim Vergehen zu.

Sie stand am Fenster. Eigentlich kein Bild, das etwas Besonderes war, denn wenn sie nicht gerade in einem Topf herumrührte oder im Bad ihr Kleid anzog und ihr Gebiss einsetzte, stand sie immer dort. An diesem Tag jedoch stand sie am Fenster, um es zu putzen. Ich hatte Mutter noch nie putzen sehen. Aber plötzlich stand sie am Fenster, mit einem Tuch in der Hand, und wischte die Scheibe. Es war ein komisches Bild, das Fenster offen stehen zu sehen, die Gardine aufgezogen. Ein großer Bilderrahmen, der Mutter riesig erscheinen ließ. Ich konnte die Augen nicht abwenden und den Mund nicht schließen, anstatt zu winken oder nach oben zu gehen. Mutter stand auf einer Bühne und ich applaudierte innerlich, indem mein Herz gegen mein Brustbein klopfte.

Bis Mutter mich sah, verging eine Weile. Aber als sie mich sah, schloss sie das Fenster abrupt. Als ich oben angekommen war, verlor sie kein Wort über das Fenster, sondern pappte mir gleich eine Kelle Milchreis in die Schüssel. Er schmeckte nicht so, wie ich ihn kannte. Er war salzig und eigentlich eher Suppe als Brei. Ich schwieg und löffelte langsam, in der Hoffnung, dass es vielleicht noch etwas anderes gab. Sie stand wie immer mit dem Rücken zu mir und spähte durch die Gardine hinaus in mein Leben, oder in das, was sie sonst noch da draußen sah.

Als ich endlich satt war, fragte ich sie, wie ihr Tag war und ob ich noch etwas besorgen sollte. Wie immer antwortete sie nur auf den zweiten Teil meiner Frage. Sie schrieb einen Zettel und gab mir einen Schein, mit dem ich mich auf den Weg zum Einkaufen machte.

Unterwegs traf ich Tim aus der Schule. Er sprach vom Küssen, als hätte er es erfunden, und wollte, dass ich es mit ihm tat. Dort, wo die Straße hinter den Mülltonnen endete, drückte er mich in eine Überraschungsparty. Lauter verpickelte Affen und Mädchen mit Apfelbrüsten standen da, tranken Rosenthaler Kadarka und rauchten die Kippen ihrer Alten. Tim presste seine Lippen auf meine und steckte seine angespannte Zunge dazwischen hindurch. Vorher hatte er geraucht, er schmeckte scheußlich. Er fing an, sich an mir zu reiben. Um uns herum bildete sich ein Kreis. Die Affen und Apfeltittis lachten und riefen: „Hey, der holt sich einen an ihr runter!" Mir wurde übel. Ich musste fast kotzen, als er tatsächlich kam.

Den Affen blieben die Münder offenstehen, die Augen der Apfeltittis formten sich zu Schlitzen. Eine kam mir nachgelaufen, als ich endlich zum Einkaufen ging.

Tim sei der hübscheste Junge weit und breit, ich solle mich darauf gefasst machen, dass die nächste Zeit für mich nicht einfach werden würde.

Auf dem Weg zurück nach Hause machte ich einen großen Umweg, um nicht noch einmal von Tim aufgehalten zu werden. Mutter stand wie immer am Fenster. Aber diesmal sah ich es nur, weil ich es wusste. Sicherlich klebte die Gardine an ihrem Gesicht. Vielleicht hätte sie nicht die Scheibe, sondern die Gardine putzen sollen. Als ich alles auf dem Tisch abgelegt hatte, fragte sie mich, wie er heiße, der Junge. Mir war klar, dass ich gar nicht so zu tun brauchte, als wüsste ich nicht, wen sie meinte, wir wohnten im zehnten Stock. Vielleicht hatte Mutter von hier aus sogar die Beule in Tims Hose gesehen, obwohl ich mich von den Mülltonnen und den Kadarka trinkenden Flachpfeifen geschützt gefühlt hatte. „Tim", antwortete ich, „er heißt Tim."

So vergingen die Jahre. Mutter stand am Fenster statt auf dem Balkon, atmete gegen die Scheibe, und wenn sie auf Zehenspitzen stand, wusste ich, dass draußen gerade ein Opel in die Straße einbog. Wenn Papa ausstieg, verließ sie ihren Fensterplatz und kramte in den Schränken.

Dort lagen alte Kekse und verschiedene Tütensuppen. Oft gab es als Vorspeise Tomatensuppe und als Hauptspeise Nudelsuppe, weil pro Sorte immer nur eine Tüte da war.

Wenn Papa bei uns war, stand Mutter seltener am Fenster. Sie blätterte dann häufig die Kataloge durch.

Manchmal sagte sie, ich bräuchte neue Sachen, und bat mich, zu schauen, was mir gefiel.

Ich liebte die Momente, in denen ein neuer Katalog im Haus war, denn es waren die einzigen, in denen Mutter mit mir sprach. Mit den Katalogen in der Hand wirkte sie wie eine Verkäuferin, die mich von ihren eigenen Produkten überzeugen wollte. Ich freute mich auf die bevorstehenden Tage. Zunächst würde Mutter die Angebote genauestens studieren, so als lese sie ein ganz normales Buch, und dann, wenn sie damit fertig war, würde sie mit mir darüber reden.

Wenn die Päckchen dann kamen, war nie drin, was wir bestellt hatten. Wollte ich die Jacke in Grün, bekam ich sie in Rosa. Wollte ich eine Jeans, bekam ich eine Cordhose. Mutter freute sich über ihre neuen Schals oder Strickpullis, die immer genauso aussahen wie auf dem Bild, das sie angekreuzt hatte. Wieso man sich bei den Sachen für mich immer irrte, konnte sie sich auch nicht erklären.

Wenn Papa nicht bei uns war, interessierten sie die Kataloge nicht. Ich konnte sie ihr hinlegen, wo ich wollte, sie war dann nicht wegzubekommen von ihrer Gardine.

Unentwegt starrte sie auf die Stelle, an der sich die Straße bog, und wartete darauf, dass sie Papas Opel auftauchen sah.

Wenn ich nicht schlafen konnte, schlich ich nachts durch die Wohnung, um zu sehen, ob sie im Stehen schlief, den Kopf angelehnt ans Küchenfenster. Einmal wagte ich mich ganz nah an sie heran, und gerade als ich einen Schritt um sie herum machen wollte, um zu sehen, ob ihre Augen auch wirklich geschlossen waren, da knallte ganz laut etwas gegen die Scheibe. Ich zuckte zusammen. Im selben Moment trat Mutter mir auf den Fuß und schrie. Ich schrie auch und rannte schnell zurück in mein Zimmer, sprang in mein Bett und beobachtete Mutters Füße im beleuchteten Türschlitz auf und ab gehen.

Am nächsten Morgen war ein riesiger Blutfleck auf dem Küchenfenster und versperrte Mutter die Sicht. Aber sie blieb stehen, als wüsste sie, dass sich schon eine Viertelstunde später der Regen darum kümmern würde. Ich hätte gern auf der anderen Seite gestanden und dabei zugesehen, wie es aussah, als ob Blut von Mutters Gesicht gespült würde. Stattdessen ging ich nach unten und suchte vergeblich die Vogelleiche.

Seit ich zur Schule ging, kam Ute seltener, um mich zu holen, aber oft genug, damit ich Papa nicht vergaß. Sie brachte mich zu ihm und sie holte mich von ihm ab. Ich fand es eigenartig, dass sie nichts anderes zu tun hatte, als mit mir Zug zu fahren, aber gleichzeitig war ich froh, dass sie das tat.

Ich beobachtete ihre Umrisse in der Fensterscheibe. Sie sah darin aus wie eine Zwiebel, so viele Schichten hatte ihre Haut. Ich versuchte sie zu zählen, aber immer verschwammen sie ineinander, und schon bevor wir in einen Tunnel fuhren, kam ich mit dem Zählen durcheinander.

Manchmal spielten wir Dame auf einem magnetischen Spielbrett. Und manchmal zählten wir die Kühe, an denen wir vorüberfuhren.

Auf dem Rückweg war ich meistens zu müde zum Spielen. Ute sah mich an und fragte, ob ich wieder solche Schmerzen hätte wie bei unserer ersten Fahrt. Ich sagte nein, obwohl ich mir nicht sicher war, ob ich die Wahrheit sagte.

Ich fühlte mich belagert und eingekreist von einem fiebrigen Etwas, das sich klebrig an mich presste und nicht mit sich reden ließ.

Der Zug donnerte im Rhythmus meines Herzschlags rückwärts durch die Landschaft. Die Dinge in meinem Sichtfeld entfernten sich unentwegt, nichts kam auf mich zu, nichts ließ sich genauer betrachten. Vergeblich versuchte ich, meinen Blick an eine Sache zu heften. An die Strommasten, die mit einer grässlichen Härte an unserem Fenster vorüberkrachten, dass es sich jedes Mal wie ein Schlag ins Gesicht anfühlte. An die Tiere, diese vielen Tiere, und an deren Leben, die so einfach aussahen. Ute strich mir die Haare aus dem Gesicht, als ob die Dinge dadurch leichter zu erkennen wären.

Zuhause bewegte sich nichts. Wenn ich wiederkam, stand Mutter am Fenster und drehte sich nicht einmal um, wenn ich etwas fallen ließ. Ich hatte das Gefühl, dass ihr Schweigen an den Tagen, an denen ich von Papa wiederkam, lauter war als sonst. Sie wirkte steifer, härter noch, als sie es ohnehin schon war.

Ich setzte mich also zurück in meinen Winkel und hielt die Entfernung zu Mutter aufrecht. Ich sah ihren Hinterkopf vor verschiedenen Wetterlagen, die draußen vor unserem Fenster posierten. Wenn die Sonne schien, leuchtete ihr Haar und ich stellte mir vor, es anzufassen, zu frisieren oder abzuschneiden. Je nachdem, wie mir gerade zumute war.

Aber es wurde seltener, dass ich Mutter von hinten zusah. Je älter ich wurde, desto langweiliger war mir das Bild. Denn es änderte sich nicht das kleinste Detail. Ich aß meine Suppe, ging in mein Zimmer, zog das Rollo herunter und dachte nach. Ich konnte sehr lange dasitzen und die Wand anschauen, mit ganz viel Kraft aus dem Kopf gegen den Beton pressen und ein Loch hineindenken.

Das hatte ich in der Schule gelernt, wo es mir anfangs immer sehr neblig vorkam. Ich konnte die Lehrerin nie erkennen. Erst als sie behauptete, sie hätte schon zum fünften Mal meinen Namen gerufen, sah ich sie ganz deutlich vor mir stehen.

Mutter hatte mich darum gebeten, das zu unterlassen. Sie sagte, ich solle so sein wie die anderen Kinder. Noch einmal würde sie nicht in die Schule gehen. Ich war beeindruckt, dass sie überhaupt dort hingegangen war, nachdem sie eine Einladung bekommen hatte. Ich hatte mich an ihren Platz am Fenster gestellt und ihr dabei zugesehen, wie sie lief. Bis zur Ecke am Altenpflegeheim, wo sie aus meinem Blickfeld verschwand. Ich wäre gern mit ihr gegangen, um zu hören, wie sie mit der Lehrerin sprach. Ich konnte mir nicht vorstellen, was sie sagte und wie sie es sagte. Ich konnte mir nicht vorstellen, dass Mutter in der Lage war, ein Gespräch zu führen.

Während ich sie gehen sah, wusste ich, dass sie recht hatte. Noch einmal würde sie nicht in die Schule gehen. Sie tat es in diesem Moment das erste und das letzte Mal. Und ich wusste, was sie mir eigentlich hatte sagen wollen, denn sie hatte es schon einmal gesagt. An dem Tag, an dem ich in den Kaulquappen-Teich gefallen war und die Sachen im Wäschekorb versteckt und sie auch dann nicht dort herausgeholt hatte, als ich selbst schon merkte, dass das keine gute Idee war, weil sich der Gestank des Teiches nicht nur im Wäschekorb, sondern in der ganzen Wohnung ausgebreitet hatte.

Und sie hatte es auch gesagt, als sie die Graubrote im Schrank fand, die ich in der Schule essen sollte. Es waren die Graubrote, die ich von Mai bis Juli verschwinden ließ. Aber jedes Mal vergaß ich auf dem Heimweg, sie in einen Eimer zu werfen, und jedes Mal legte ich sie dann in meinen Schrank. Es war der Schrank mit den Schulsachen, den ich in den Ferien nicht öffnete.

Kurz bevor die Ferien zu Ende waren, machte Mutter Inventur in diesem Schrank. Sie wollte schauen, was ich besorgen musste. Patronen, Hefte und Bücher, aber dazu kam sie nicht, weil sie die Graubrote fand. Sie sahen aus wie kleine Tiere mit dunklen Augen und weichem Flaum. Aber sie stanken ähnlich schlimm wie der Kaulquappen-Teich. Und auch da hatte sie es gesagt:

„Mach das nie wieder, sonst kommst du ins Heim."

Keinen Fehler hatte ich wiederholt. Die Kreise, die ich um Mutter zog, wurden mit jedem Jahr größer. Bald war ich so weit weg, dass Mutter immer kleiner wurde.

Das Haus, in dem wir wohnten, wurde nie kleiner. Es stand wie ein Baum mitten auf der Wiese, und das Einzige, was sich darin bewegte, waren die Lichter am Abend, die an- und ausgingen.

Ich fuhr mit dem Fahrstuhl hinauf und hörte schon im Hausflur das Geräusch unserer Wohnung. Das Summen des Kühlschranks, das Ticken der Uhren, das Atmen von Mutter.

In den anderen Wohnungen wurde manchmal geschrien, oder jemand knallte mit einer Tür. Aber nie kam jemand heraus. Sie mussten ihren Müll in der Nacht rausbringen oder ihn unters Sofa schieben. Ich habe diese Menschen niemals gesehen. Ich kannte ihre Namen, aber nicht ihre Gesichter. Der Fahrstuhl gehörte mir allein. Wenn mir langweilig war, drückte ich auf alle Knöpfe, setzte mich hin und sah der Tür auf jeder Etage beim Öffnen und Schließen zu.

Manchmal war mir immer noch langweilig, wenn ich oben angekommen war. Dann warf ich meinen Flummi gegen die Wand zwischen unserer und der Wohnungstür von Familie Scheffer. Ich hatte viele Flummis. Trotzdem puckerte mein Herz immer dann besonders doll, wenn der Ball von der Wand abprallte und auf mich zukam. Wenn ich ihn nicht fing, würde er, wie seine Vorgänger, gegen das Geländer donnern und dann den ganzen Weg hinunter zum Keller fallen. Dann würde er bis zur dritten, zur zweiten, zur ersten Etage hinaufhopsen und wie ein Basketball noch eine Weile dribbeln, bis er endlich zur Ruhe käme und liegenbliebe, bis ich ihn holen würde, wenn ich es nicht vergaß.

Zu meinem zwölften Geburtstag schenkte Mutter mir einen Brief. Ich wusste nicht, ob ich ihn in ihrer Anwesenheit öffnen sollte, aber sie hatte schon den Kuchen ausgepackt und eine Kerze angezündet. Sie sah mich erwartungsvoll an, also pustete ich die Kerze aus und öffnete den Umschlag. Darin lagen eine Karte und ein Geldschein. „Von Opa", sagte Mutter. Ich überlegte, was ich davon kaufen könnte. Ich wollte ein Auto und einen Sklaven. Jemanden, der Mutter die Einkäufe brachte, während ich auf Reisen ging.

In der Karte stand „Alles Gute mein liebes Kind. Ich hoffe du bist gesund und fröhlich. Ich freue mich, wenn wir uns bald mal wiedersehen. Herzliche Grüße, Dein Großvater".

Ich fragte mich, wieso er mir plötzlich etwas schickte. Das hatte er vorher noch nie gemacht. Und warum Großmutter nicht unterschrieben hatte und warum Geld im Umschlag war. Mutter sagte: „Freust du dich?"

Wir aßen den Kuchen. Es war ein Marmorteig. Aber er schmeckte genauso wie alle anderen Sorten. Nach Backpulver und Staub.

Bei der nächsten Zugfahrt mit Ute versuchte ich, ihr Kind zu werden. Ich fragte, ob ich sie mal besuchen könnte. Sie nickte, obwohl sie sagte, dass das schwierig sei. Ich fragte, ob wir statt zu Papa einfach zu ihr fahren könnten. Wieder nickte sie, als sei ihr Kopf ferngesteuert, aber ihre Worte folgten nicht der Bewegung. Ich wusste nicht, was falsch war – das Nicken oder das, was sie sagte. Bis wir wieder am Papa-Bahnhof ausstiegen. Sie begleitete mich bis zu seiner Wohnungstür.

Jedes zweite Wochenende trennten sich unsere Wege vor dieser Tür und jedes Mal versuchte ich, Ute zu verwandeln.

Wenn sie mich zurück zu Mutter brachte, kam sie nicht mehr mit hoch. Sie verabschiedete sich vor der Haustür von mir. Ich drückte mich so fest an sie, dass sie eigentlich keine Möglichkeit hatte, ohne mich irgendwohin zu gehen, aber Ute hatte Zauberkräfte. Sie drehte sich aus meiner Umklammerung heraus und winkte dreimal zum Abschied.

Gerade als mich der Gedanke nicht mehr losließ, dass Papa uns vielleicht absichtlich ärgerte, weil ich immer zu ihm musste, obwohl ich nicht wollte, und er nie zu Mutter kam, obwohl sie darauf wartete, änderte sich alles. Ich sah Mutter sich auf ihre Zehenspitzen stemmen, sich dann umdrehen und im Schrank kramen. Bis es klingelte. Papa kam herein und sagte: „Hallo, ihr Lieben, diesmal bleibe ich für immer."

Ich sah Mutter an. Papa sah mich an. Unsere Blicke bildeten einen Kreis. Aber wäre man diesen Kreis abgefahren – hätte man ihn genau untersucht –, man hätte ein derbes Zickzack vorgefunden, durchfurcht von unseren Gefühlen. Papas Worte standen unbeantwortet im

Raum. „Diesmal bleibe ich für immer." Und sie blieben unbeantwortet. Überhaupt waren sie über Tage hinweg das Einzige, was gesprochen wurde. Nicht, dass Mutter sich nicht über seine Nachricht freute. Ich hätte ihre eigenwillige Euphorie auch durch zehn Wände hindurch gesehen. Mutter freute sich so sehr, dass sie die Erste war, die sich aus unserem Augen-Kreis befreite und an den Zitronenkuchen erinnerte, der noch im Schrank lag.

Sie musste nichts sagen. Wir wussten, was zu tun war. Wir setzten uns hin, aßen den Kuchen und feierten Papas Rückkehr mit unserer Sprachlosigkeit.

Ich fragte mich, wie lange es Papa bei uns aushalten würde. Ich fragte mich, ob wir jetzt andere Menschen werden würden, zu dritt in einer Wohnung. Ob Papa jetzt einkaufen gehen und Mutter endlich echt werden würde, eine reale Person.

Aber nichts und niemand veränderte sich. Draußen vor dem Fenster blieb es sehr lange grau. Die Wohnung wurde jeden Tag kleiner.

Mein Bett stand immer noch direkt hinter der Tür, aber seit Papas Anwesenheit ließ sich diese Tür nicht mehr schließen. Irgendwie klebte da so was wie ein Kaugummi im Schließblech. Ich stocherte daran herum, aber er war so hart, dass ich ihn nicht herausbekam. Ich wohnte jetzt hinter einer angelehnten Tür und hörte alle Geräusche, die Papa mitgebracht hatte. Er hatte ein Problem mit seiner Nase. Entweder zog er den Rotz in sie hinein, oder er nieste ihn so laut heraus, dass ich auch noch hinter der Wand erschrak.

Es war schwer, sich an seine Anwesenheit zu gewöhnen. Zwar stand Mutter fast gar nicht mehr am Fenster, aber das Fenster schien dadurch zu wachsen. Sie konnte überall stehen und sitzen und von dort aus nach draußen sehen. Mutter wohnte eigentlich im Himmel. Nur Papa und ich wohnten in der Wohnung, im zehnten Stock.

Ich zog weiter meine Kreise und versuchte, nicht so oft an Ute zu denken. Papa sagte, sie hätte kein Telefon.

Ich versuchte, meine Gedanken in Ruhe zu lassen, ihnen nicht hinterherzurennen. Aber schon bald rannten die Gedanken mir hinterher. Besonders an Großvaters sechzigstem Geburtstag.

Ich hatte ihn so lange nicht gesehen, dass es eigentlich komisch war, dass ich mich noch an ihn erinnern konnte. Immer, wenn ich an Großvater dachte, strömte der Wind in umgekehrter Richtung meinen Rücken entlang. Als wäre ich ein Tier und hätte Fell im Nacken.

Es reichte aus, nur das Wort Großvater zu denken, da kamen all die Erinnerungen an ihn wie ein derber Geruch in mir hochgeschossen.

Einmal war er mit mir an die Ostsee gefahren. Ich durfte neben ihm sitzen, auf einem dicken Kissen, damit ich größer aussah. Ich freute mich, dass ich dabei sein durfte. Ich freute mich auf die Möwen und darauf, eine Sandburg zu bauen. Großvater bat mich, ihm die Straßenkarte aus dem Handschuhfach zu reichen. Als ich das vierte Mal versuchte, das Fach zu öffnen, landete seine Hand mit voller Wucht auf meinem Hinterkopf. Dann öffnete er selbst das Fach. Nun bat er mich darum, die Karte aufzufalten, aber weil ich das nicht so schnell machte, wie er es gern wollte, landete seine

Hand dieses Mal auf meiner Wange. Er riss mir die Karte aus den Händen und schimpfte, während er lenkte und gleichzeitig auf die Karte sah.

Als er endlich fand, was er gesucht hatte, warf er sie zurück auf meinen Schoß und befahl mir, sie ordentlich zusammenzufalten. Ich gab mein Bestes, aber die verdammte Karte war so groß wie eine Gardine, und Großvater schrie: „Ach, du kannst das nicht, du machst sie bloß kaputt, lass es einfach, lass es, hab ich gesagt!" Wieder knallte seine Hand gegen meinen Kopf, und obwohl das Kissen noch immer unter mir lag, fühlte ich mich nicht mehr ganz so groß, weil ich nicht aufhören konnte hinunterzurutschen, immer tiefer hinein in den Sitz.

Ein anderes Mal saßen wir vor dem Fernsehapparat. Großmutter hatte ihren Platz auf dem Sofa eingenommen und wie immer ihre Puppe auf dem Schoß. Großvater saß in seinem Sessel. Der Fernseher lief schon eine ganze Weile, als er mich bat, endlich aufzuhören, die Bauklötze auf dem Teppichboden zu verteilen, und auf seinen Schoß zu kommen. Bis dahin hatte Großvater mich nie auf seinem Schoß sitzen lassen. Es kam mir komisch vor, aber ich gehorchte.

„Wann hörst du endlich auf mit diesem Firlefanz", sagte er, „schau dir lieber an, was im Fernsehen kommt, so wie jedes normale Kind." Ich sah also in den Fernsehapparat. Da stand eine Frau unter der Dusche und öffnete den Mund, während sie sich mit einem unsichtbaren Stück Seife einrieb. Sie hatte kurze blonde Haare und sah sehr hübsch aus. Aber immer öffnete sie den Mund und ich verstand nicht, wieso. Nach einer Weile waren ihre kurzen Haare nass und sie seifte sich immer wieder ein, ohne dass dadurch Schaum entstand. Ich fragte mich, wie sie auf diese Weise sauber werden wollte, aber plötzlich sah ich einen Schatten hinter dem Duschvorhang. Er machte nur wenige Schritte und blieb direkt vor ihr stehen. Die Frau konnte es nicht sehen, weil sie mit dem Rücken zu dem Schatten stand. Ich wollte ihr gerade zurufen, dass sie aufpassen soll, aber da riss der Schatten den Duschvorhang zur Seite und stach mit einem Messer auf sie ein. Sie schrie. Immer wieder. Aber der Schatten machte einfach weiter. Messer, Schrei, Messer, Schrei. Und plötzlich lag ich wieder auf dem Boden. Die Bauklötze bohrten sich in meinen Rücken. Großvater stand über mir und brüllte jetzt zeitgleich mit der Frau im Fernsehapparat. Er hielt die Arme von sich gestreckt, während er auf seine Hose guckte. Da guckte ich auch auf meine Hose, obwohl ich schon wusste, was passiert war. Noch immer lief es aus mir heraus. Mein Schlüpfer, meine Hose, der Teppich, alles war warm und nass und klebte an meiner Haut. Großvater packte mich am Kragen und trug mich auf diese Weise ins Badezimmer. Während er immer noch brüllte, hatte ich Mühe zu atmen, weil sich das T-Shirt in meinen Hals schnitt und mir der Geruch von Pisse in die Nase stach. Er ließ mich in die Wanne fallen, zog mir die Hose herunter und dann klatschte es ein paar Mal gewaltig, bevor er den Wasserhahn aufdrehte und mir befahl, mich gründlich zu waschen.

Jedes Mal, nachdem er seine Wut über mir ausgeschüttet hatte, entschuldigte er sich hinterher bei mir oder schenkte mir unnütze Dinge. Er fuhr mit mir ins Schwimmbad, damit ich seine Gemeinheiten schnell wieder vergaß. Wenn ich dann im Wasser lag, auf seinen Händen, und er den Arm hob, um mir zu zeigen, wie man schwimmt, zuckte ich zusammen, auch wenn ich es nicht wollte. Er sagte, dass doch alles gut sei, dass ich nicht erschrecken müsse, und ich entschuldigte mich bei ihm, während er hinübersah zu den Menschen, die am Beckenrand standen und uns beobachteten.

Nun waren wir also auf dem Weg zu diesem Mann. Ich hatte keine Ahnung, was ich ihm schenken sollte. Früher hatte ich ihm lieblose Bilder gemalt, die er brummend entgegennahm, und Papa zwang mich zusätzlich, ihm ein Gedicht aufzusagen. Diese Zeiten waren nun zum Glück vorbei. Ich hatte weder ein Geschenk noch ein Gedicht dabei und fühlte mich beinahe erwachsen, bis zu dem Moment, in dem mir einfiel, dass ich mich nie bei ihm für die Karte und das Geld bedankt hatte, das er mir zum Geburtstag geschickt hatte.

Wir saßen im Auto und sprachen kein Wort. Es war so still, dass ich hören konnte, wie Papa die Pedale bediente. Das Geräusch des Blinkers war genauso dominant wie das Ticken der Wanduhr, die zuhause in unserem Wohnzimmer hing. Zwischenzeitlich hatte ich das Gefühl, der Blinker klopfe einen Takt gegen meine Schädeldecke.

Papa fuhr immer auf die Weise Auto, dass man meinen konnte, man wäre gar nicht unterwegs, sondern säße in irgendeinem Café, vor dessen Scheiben Leute vorbeigingen und riesige Schilder mit Landschaften vorübertrugen. Ich fand diese Landschaften merkwürdig. In mir drin sah es ganz anders aus als da draußen. Viel dunkler zwar, aber es schien mir realer zu sein als all die Farben, die hinter der Scheibe zu sehen waren. Ich war, trotz weit geöffneter Augen, nicht in der Lage, etwas anderes zu fixieren als mich selbst. Ich saß auf der Rückbank und kniff mehrmals in meine Oberschenkel, bis sie aussahen, als hätte mich ein Schwarm Mücken attackiert. Als ich damit fertig war, starrte ich in die Nacken meiner Eltern.

Wieso sollten ausgerechnet diese beiden Menschen meine Eltern sein? Gab es dafür einen Beweis? Ich sah keinem von beiden ähnlich, war intelligenter als Mutter, stiller als Papa und ich hoffte, dass ich einen anderen Geruch hatte als sie. Ich wusste nicht, woher diese Gedanken kamen, aber sie waren nicht aufzuhalten und bald wunderte ich mich nicht mehr über sie.

Aber ich dachte nicht nur meine eigenen Gedanken, sondern pflanzte Papa und Mutter auch welche in ihre Schädel.

Ich würde gern fliegen können, dachte Mutter. Vielleicht kam ich darauf, weil Mutter immer in den Himmel starrte. Da sie aber alles andere als gläubig war, musste es einen anderen Grund dafür geben als Gott, dass ihre Blicke mit unendlicher, magnetischer Kraft stets nach oben wanderten. Mutter wirkte nicht so, als wäre sie jemals irgendwo angekommen, geschweige denn so, als wollte sie es jemals tun. Selbst wenn man mit ihr an einem gewöhnlichen Tisch saß, schien es, als schwebte sie eigentlich darüber. Mutter war nicht greifbar. Zumindest nicht für mich.

Aber wie ist das so, mit Flügeln unterwegs zu sein? Vielleicht bräuchte ich weiterhin Arme und Beine. Ich meine, wenn ich ein Vogel wär, würd ich doch wenigstens senkrecht und in der Hocke nach unten fliegen, bis ich aufgekommen bin. Aber ich flieg doch nicht im Sturzflug, Kopf voran, in Richtung Asphalt! Ich bräuchte einen Helm, wenn ich ein herkömmlicher Vogel wär.

Es war ganz einfach. Plötzlich fühlte ich mich in der Lage, Mutters Gedankenwelt zu verstehen. Wie sie da saß, starr wie immer, an ihrem Dauerfensterplatz, und dabei immer kleiner wurde. Ich sah ihr gewissermaßen beim Schrumpfen zu.

Fisch sein wäre auch nichts für mich. Höchstens einer, der nicht gefressen wird. Ich könnte ein giftiger Fisch sein, ungenießbar und deshalb nicht vom Sterben bedroht. Dann könnt ich ganz in Ruhe meine Bahnen schwimmen und dabei zusehen, wie die anderen verrecken, dachte sie.

Auch Papa dachte nach: Das war so schön, früher, als die Kleine noch Gedichte aufgesagt hat. Vor allem, wenn sie sie selbst ausgedacht hatte. Geburtstagsgedichte. Und Weihnachtsgedichte, als sie noch nicht wusste, dass *ich* unter dem Kostüm stecke. Das waren schöne Zeiten. Wir sollten das wieder einführen. Ist doch egal, ob man an den Weihnachtsmann glaubt oder nicht. Und warum wir das am Geburtstag nicht mehr machen, verstehe ich sowieso nicht. Sie macht das doch so schön. Ich habe ein sehr talentiertes Mädchen. Zu meinem Geburtstag wünsch ich mir von ihr ein Gedicht.

Es ging alles wie von selbst, als wären sie meine Marionetten. Ich hörte ihnen einfach beim Denken zu. Nur ab und zu musste ich aufpassen, dass ich nicht anfing zu lachen.

Aber dieser Tag stand sowieso eher unter einer Art Wut-Stern. Ich brauchte nur in den Rückspiegel zu sehen und mir verging das Lachen. Wie auch immer er das machte, aber Papa fuhr Auto, ohne auf die Straße zu sehen. Seine Augen waren auf den Rückspiegel geheftet, den er nicht etwa so eingestellt hatte, dass er sah, was hinter uns passierte, sondern so, dass er mich fixieren konnte. Ich wünschte mir, dass der Spiegel herunterfiele. Ich wünschte mir, dass ich plötzlich so hässlich wäre, dass Papa sich zu Tode erschreckte. Ich stellte mir vor, wie lustig es wäre, wenn mir jetzt ganz übel werden würde und ich kotzen müsste. Kotz, kotz auf Papa, kotz, kotz auf Mutter. Und dann würden wir wieder zurückfahren. Ich hatte keine Lust auf den Besuch bei den Großeltern. Sowieso konnte ich mich an keinen Moment erinnern, in dem ich Lust darauf hatte, die beiden zu sehen.

„Na, Kleines, du wächst ja wie meine Fingernägel!", hatte Großmutter immer gesagt. Mir wurde schon schlecht, bevor ich sie sah. Großmutter war die ekeligste Person, die ich kannte. Sie hatte wirklich lange Fingernägel. Sie waren sehr dick und ihre Farbe schwankte zwischen Braun und Gelb. Sie roch nach Salami und sie kratzte sich bestimmt dreihundertmal am Tag. In ihrem Hals wuchs ein Furunkel, das viel größer war als Großvaters Adamsapfel. Und sie hatte immer schlechte Laune, sogar dann, wenn Großvater ihr brachte, worum sie ihn bat. Eigentlich brachte Großvater ihr immer irgendwas. Den ganzen Tag lang war er damit beschäftigt, ihr Dinge zu bringen. Oder er räumte die Dinge unter ihren Füßen weg. Oder er setzte die Puppen wieder ordentlich hin, die hinter Großmutter auf der Sofalehne saßen. Wenn Großvater etwas kochte, rief sie, dass sie etwas anderes essen wolle. Und wenn er den Müll rausbrachte, schrie sie, er solle sofort wiederkommen und die Salbe mitbringen. Nur abends, vor dem Fernsehapparat, vor dem Großmutter zuverlässig einschlief, saßen sie nebeneinander und kamen zur Ruhe. Ich hatte sie ein paar Mal so sitzen sehen und festgestellt, dass sie genauso wenig zueinander passten wie meine Eltern.

Papa beschäftigte sich noch immer mit seinen Gedichten und sagte das einzige auf, das er kannte.

Bedecke deinen Himmel, Zeus, mit Wolkendunst, und übe, dem Knaben gleich, der Disteln köpft, An Eichen dich und Bergeshöhn; musst mir meine Erde doch lassen stehn und meine Hütte, die du nicht gebaut, und meinen ... meinen Dings, um dessen Glut du mich beneidest. Ich ... ich.

Einmal musste ich Prometheus für die Schule auswendig lernen, aber Papa verstand das System nicht. Dass ich es nicht lernen würde, wenn er unentwegt die Augen schloss und schaute, wie weit er selbst es noch auswendig zustande brachte. Jetzt erinnerte ich mich wieder daran, wie sinnlos es war, ihm das zu erklären.

Ich kenne nichts Ärmeres unter der Sonn als euch, Götter! Ihr nähret kümmerlich von Opfersteuern und Gebetshauch eure Majestät und darbtet, wären nicht Kinder und Bettler hoffnungsvolle Toren.

Er fuchtelte wild mit den Armen umher. Trotz seiner geschlossenen Augen sah er aus wie ein ziemlich schlechter Schauspieler.

Da ich ein Kind war, nicht wusste, wo aus noch ein, kehrt ich mein verwirrt... verirrtes Auge zur Sonne, als wenn drüber wär ein Ohr, zu hören meine ... meine Klage, ein Herz wie meins, sich des Bedrängten zu erbarmen.

Keine Ahnung, wann er bemerkte, dass ich das Zimmer verlassen hatte.

Hast du nicht alles selbst vollendet, heilig glühend Herz? Und glühtest jung und gut, betrogen, Rettungsdank dem Schlafenden da droben?

Er wurde immer lauter. Ich war längst zurück in meinem Zimmer, als ich ihn immer noch voller Inbrunst das bekloppte Gedicht aufsagen hörte. Jetzt, hier im Auto, hörte ich seine Stimme noch einmal widerhallen. Vielleicht hatte ich den Prometheus doch mit seiner Hilfe gelernt.

Ich dachte über einen IQ-Test nach. Vielleicht war ich am Ende doch nicht so schlau. Schlauer als Mutter allemal, aber was, wenn sich herausstellte, dass die Dummheit leider in der Familie lag? Ich wollte doch mal was werden! Am besten etwas Großes. Vielleicht, dachte ich, entdeckte ich noch mein Gesangstalent und alle meine Lieder liefen dann im Radio. Und einen Hund wollte ich haben, der immer bei mir war, egal, ob ich gerade mit meiner Band probte oder alleine zu Hause saß. Aber schon wurden meine Gedanken von Mutters Gedanken unterbrochen.

Wovon hab ich eigentlich letzte Nacht geträumt? Woran liegt denn das, dass man sich manche Träume merken kann und andere nicht?

Ich schob Mutter beiseite und sah meinen Hund ganz klar vor Augen. Es wäre ein kleines Mädchen. Einen Namen brauchte ich noch. Vielleicht Rosalie, wie die schlaue Eule bei Aschenbrödel. Rosalie! Nein, das wäre zu kitschig. Ich stand ja gar nicht mehr auf Märchen. Ich musste mehr Bücher lesen. Erwachsenenbücher! Und laut pfeifen lernen wollte ich auch. Der Hund sollte ja gehorchen. In meiner Vorstellung hatte er helles Fell, das man am Abend kämmen musste. Und wenn er es wollen würde, könnte er in meinem Bett schlafen.

Plötzlich bremste Papa ab. Der Beweis, dass wir doch im Auto saßen, fuhr mir in den Magen. Er parkte auf einer Raststätte und verließ wortlos den Wagen. Mutter folgte ihm nach wenigen Sekunden. Als Papa sie bemerkte, drehte er sich um, richtete den Schlüssel wie eine Pistole aufs Auto und es machte laut klack.

Ich war nicht verwundert, denn es passierte nicht zum ersten Mal, dass wir nicht miteinander sprachen, aber an diesem Tag fühlte ich zum ersten Mal eine Wut in mir aufsteigen, darüber, wie der Hund zurückgelassen zu werden, über den ich gerade noch nachgedacht hatte. Ich wusste, wenn ich dringend zur Toilette musste, hätte ich blitzschnell die Tür öffnen und mich an Mutter heften müssen, aber ohne sie zu nerven. Wenn ich es nicht tat, ließ ich es mit vollem Bewusstsein zu, dass sie mich einsperrten, in diesem stickigen Käfig, der nicht einmal dazu in der Lage war, uns an einen schöneren Ort zu bringen als zu Oma und Opa.

Ich dachte an Cola und an Schokolade, die immerhin meinen schweigenden Hals beschäftigt hätten.

Insgeheim war ich mir aber sicher, dass niemand auch nur im Entferntesten daran dachte, mir etwas mitzubringen.

Jetzt, wo ich alleine war, überprüfte ich im Rückspiegel mein Aussehen. Vielleicht hatte ich ja einen riesigen Pickel auf der Stirn, der Papas Blicke erklären könnte. Ich fand keinen. Im Gegenteil, ich sah richtig hübsch aus.

Da das der Grund zu sein schien, dass er mich unentwegt fixierte, fühlte ich, wie sich die Wut in mir erhitzte. Ich stellte mir vor, was ich tun könnte, wenn sie vergessen hätten, die Türen zu verriegeln. Am besten wäre es, auszusteigen und eine Zigarette zu rauchen, dachte ich. Haha! Wie der gucken würde, wenn er zurückkäme! Ich würde lässig, mit angewinkeltem Bein an der Autotür stehen, und wenn er käme, würd ich mich erschrecken, schnell den Fuß nach unten schieben und ihm dabei einen ordentlichen Kratzer in den Lack reinmachen. Er würde ganz wütend gucken und ich würde sagen: „Ups, das tut mir aber leid."

Sie unterbrachen meine Vorstellungen mit ihrer Rückkehr auf den Parkplatz. Sie kamen aufs Auto zu, Papa wieder mit der Pistole in der Hand, Mutter mit ihrem Blick in den Wolken. Ich fragte mich, wie sie das machte, wieso sie nicht hinfiel. Eigentlich sah ihre Art zu gehen richtig dämlich aus. Wie sich Papa bloß in sie verlieben konnte. Ich fand keine Antwort. Ich merkte nur, dass sie mir leidtat. Denn, ob sie sich einmal geliebt hatten oder nicht, fest stand, dass da jetzt gar nichts war, was die beiden miteinander verband. Das konnte jeder auf diesem Parkplatz, auf dieser Autobahn, auf der ganzen Welt sehen.

Die Türen gingen auf, die Türen gingen zu und unsere Reise schien noch einmal von vorn zu beginnen. Als hätten diese Eltern soeben erst den Entschluss gefasst, sich auf den Weg zu einem Menschen zu machen, den sie nicht leiden konnten. Und weil das so war, probten sie das Schweigen noch einmal von vorn, das sie ihm bei ihrer Ankunft entgegenbringen wollten.

Papa sah wieder in den Rückspiegel. Huch, da sitzt ja jemand! Wer ist denn das? Ach, die Kleine. Musste die vielleicht auch mal aufs Klo? Aber wie hätte das denn gehen sollen? Wo hätte sie denn warten sollen, falls sie schneller fertig wäre als ich? Etwa alleine im Laden? Dann hätte ich ihr nicht helfen können, wenn irgendein alter Sack gekommen wäre, um sie zu begrabschen. Mein zartes Pflänzlein, mein Augenstern. Kommt gar nicht in Frage. Die Kleine bleibt in Sicherheit!

Bevor er den Motor anließ, streckte er die Hand nach hinten aus, so wie es die Mädchen in der Schule machten, die Zettel herumgehen ließen, auf denen Nachrichten standen wie: „Sag Mario, dass ich ihn wirklich liebe. Bitte, du sitzt doch neben ihm. Sag ihm, es ist mir immer noch ernst!"

Papa wendete seinen Blick nicht ab. Seine Augen klebten im Rückspiegel und der Rückspiegel klebte an mir. Als ich seine Hand sah, öffnete ich meine und er drückte mir sein Mitbringsel da hinein.

Im ersten Moment war ich überrascht, aber als ich sah, was er mir mitgebracht hatte, verging mir die Freude. Ich hasste Bonbons. Ganz egal, welche. Diese Information hätte ich ihm gern ins Hirn tätowiert. Ich wollte, dass er wenigstens jetzt seinen Blick abwendete, mir nicht auch noch dabei zusah, wie ich die Tränen unterdrückte. Aber ich war ihm ausgeliefert auf dieser Scheiß-Rückbank.

Es fiel mir immer schwerer, etwas Schönes zu finden, an diesem Tag, an unserer Reise, an meinem Leben.

Um nicht in meiner Verzweiflung zu versacken, begann ich damit, mein Gedankenspiel fortzusetzen. Ich fragte mich, ob Mutter mal dick war, ob ich mal dick werden würde. Ich wollte gerne mal dick sein, um endlich zu wissen, ob man dann trotzdem kitzelig war. Merkte man noch was, wenn man sich nur ganz sachte, mit einem einzigen Finger, über die Haut fuhr? Bestimmt spürte man dann gar nichts mehr.

Vielleicht esse ich doch die ekeligen Bonbons, dachte ich. Wie viele Bonbons musste man essen, um dick zu werden? Hundert? Tausend? Ich fing sofort damit an.

Musst nicht heimlich essen, Kleine. Ich hör genau, dass dir meine Bonbons doch gefallen. Wenn du möchtest, kauf ich dir jeden Tag Bonbons, solange du fleißig die Zähnchen putzt.

Ich sah nicht in den Rückspiegel. Ich entdeckte die Möglichkeit, das alles wie einen Film zu betrachten, in dem ich selbst die Hauptrolle spielte. Ich fand mich richtig gut. Ich stellte mir vor, wie eine Kamera jedes Detail meines Gesichts abfilmte, während ich das Bonbon in den Mund steckte, es die Zahnreihen entlang schob, in die eine, dann in die andere Backe steckte, mir die Lippen leckte, all das. Ich fühlte mich sehr talentiert und konnte fühlen, wie schön ich war.

Was sind denn das für obszöne Geräusche da auf der Rückbank?, mischte Mutter sich plötzlich ein. Das wird wohl die Tochter sein, die so merkwürdig ist. Ich werde mich nicht umdrehen. Wäre ja noch schöner! Sie soll es ruhig merken, dass ich nichts höre und sehe, wenn sie in der Nähe ist!

Mittlerweile spürte ich kaum noch meine Zunge. Ich hatte die restlichen Bonbons alle auf einmal in den Mund gesteckt. Sicher hatte ich jetzt genau so eine Reibeisenzunge wie Katzen und hätte die Polster des Autos damit reinigen können. Dieses Gefühl war genau das, was ich brauchte. Selbst wenn es mir nicht gelingen sollte, mein Gewicht auf hundertzwanzig Kilo anzuheben, wusste ich jetzt, dass ich die gewünschte Taubheit eben an einer anderen Stelle meines Körpers erzeugen konnte.

Eigentlich ist der Spiegel die Kamera, dachte ich. Ich musste es nur schaffen, genauso professionell damit umzugehen wie eine richtige Schauspielerin, indem ich auf keinen Fall hineinsah. Denn dann würde der Regisseur „Cut!" schreien und sich bei irgendwem über dieses untalentierte Geschöpf beschweren.

Es fiel mir immer leichter, Papa hinter der Linse zu ignorieren.

Was ist denn mit der Kleinen los? Sie mag Papa wohl nicht mehr? Ist sie denn so sehr mit ihren Gedanken beschäftigt, dass sie keine Zeit mehr hat für einen liebevollen Blick?

Die meiste Zeit sah ich auf meine rot gepunkteten Beine. Und wenn sie die Farbe verloren, half ich wieder nach.

Wenn ich nach vorne sah, konzentrierte ich mich auf Mutter. Sie saß da wie eine Puppe. Ganz klein sah sie aus und so, als würde es irgendwo knack machen, wenn man sie berührte. Ihr rot gefärbtes Haar leuchtete im Sonnenlicht. Die Menschen, die uns überholten, mussten denken, dass wir eine Signallampe auf dem Beifahrersitz transportierten. Vielleicht taten wir das auch, wenn man den weiteren Verlauf des Tages bedenkt.

Ich dachte an ihr Gebiss, das sie hinter ihren Wangen trug. Lange hatte ich es geliebt, als Erste wach zu sein, um es mir in Ruhe anzusehen. Wenn ich auf der Toilette saß, lag es direkt vor meinen Augen, in dem Regal, von dem ich nur wusste, dass es ein Regal war, weil ich mit den Knien daran anstieß. Sehen konnte ich das Regal eigentlich nicht, weil eine dicke Schicht Staub darauf lag, als hätte man es damit bestrichen wie eine Scheibe Brot. Einmal fuhr ich mit dem Finger durch die Schicht hindurch, aber nachdem ich gemerkt hatte, dass es darunter ganz klebrig war und ich lange brauchte, um meinen Finger wieder ganz sauber zu waschen, machte ich das nie wieder.

Mutters Gebiss lag in einem Wasserglas. Zwei Millimeter rings um das Glas begann die Staubschicht. Sie musste jeden Abend sehr genau hinsehen, damit sie es wieder richtig platzierte. Der Ort für ihr Gebiss war genauso reserviert wie die Orte für die anderen Dinge, die im Regal herumstanden.

Das Gebiss lag am Boden des Glases und sah riesig aus. Ich fragte mich, wieso da Zahnfleisch dran war, ob Mutter das auch verloren hatte? Ich nahm es aus dem Wasser heraus und klappte es auf und zu. Ich steckte meinen Finger zwischen die Zahnreihen und donnerte die Kiefer, so kräftig es ging, zusammen, aber es tat überhaupt nicht weh. Ich fuhr mit der Zunge an meinen Zähnen entlang und danach an ihren. Ich versuchte, mir das Gebiss in den Mund zu stecken, aber es war zu groß. Also drehte ich es andersherum und steckte ihre Zähne zwischen meine. Ich sagte „Hallo, mein Kind!", und unsere Zähne klapperten so laut, dass man meinen konnte, es wäre sehr kalt.

So unterhielt ich mich mit ihr, eine ganze Weile. Sie fragte mich, wie ich mich fühlte, und sagte mir, dass sie stolz auf mich sei.

Wir waren ineinander verhakt. Irgendwann aber tat mir der Mund weh und ich musste sie wieder loslassen. Während ich die Zähne in das Wasserglas zurückgleiten ließ, hörte ich zu, wie sie verstummte.

Direkt neben Mutters Gebiss stand eine Flasche Raumspray, das nur sie selbst benutzte. Wenn das Badezimmer nach Raumspray roch, musste ich immer husten.

Und wenn Mutter, nachdem sie das Raumspray benutzt hatte, durch die Wohnung ging, zog sie den Geruch des Sprays hinter sich her, als wäre er eine zweite Person. Es roch nach Lavendel und Mandel und Toilette, nach einer Wohnung, deren Bad kein Fenster hat.

Wenn das Raumspray alle war, fiel es mir sofort auf, weil an der Stelle ein dunkler Fleck zu sehen war. Dann pustete ich ein bisschen von den oberen Staubschichten ringsum darauf, damit die Ordnung im Regal wiederhergestellt war.

Wir fuhren schon eine ganze Weile. Und mit einem Mal hörte ich Mutter über den gestrigen Abend nachdenken: Ich habe es gesehen. Ich habe es genau gesehen.

Tatsächlich war auch ich am Abend zuvor sicher gewesen, dass ich sie in der Tür hatte stehen sehen, als Papa mir seinen allabendlichen Gute-Nacht-Kuss brachte. Aber sie war genauso eine Hülle wie sonst auch, ein vorbeiflirrendes Gespenst, das man sich auch dann noch einbilden konnte, wenn es tatsächlich anwesend war, weswegen ich schon, als ich am Morgen aufwachte, nicht mehr sicher war, welchen Teil des Geschehens ich geträumt hatte und was tatsächlich gewesen war. Mutters Kopf in der Tür wirkte jedenfalls jetzt, wo ich ihn noch einmal versuchte zu erinnern, unwirklich. Aber hatte Mutters Kopf jemals wirklich gewirkt?

Ich wurde unsicher und versuchte, mein Schweigen noch stiller zu gestalten, indem ich die Luft anhielt. Ich wollte keinen von Mutters Gedanken verpassen. Aber sie hatte keinen. Sie blieb ganz still. Vielleicht hielt sie auch die Luft an. Vielleicht war sie auch unsicher darüber, was sie gesehen hatte. Ich horchte noch eine Weile, aber da waren nur das Rotieren des Motors und das Pochen meiner Schläfen, das mich aufforderte, endlich wieder Luft zu holen. Also holte ich Luft. Mehrmals. Mir wurde schwindelig davon. Vom Atmen, vom Denken, vom Fieber, das ich in mir aufsteigen spürte. Mein Gesicht musste aussehen wie Mutters Haare. Ich glühte und wusste nicht, ist es Angst oder Freude. Ich wollte nach vorne klettern, mich auf ihren Schoß setzen. Ich fühlte mich, als würde ich in ihre Tasche passen.

Dieser Teil der Reise kam mir ewig vor. Wie wir da saßen, niemand etwas dachte, auch Papa nicht, und immer wieder hallten Mutters Gedanken in mir nach: Ich habe es gesehen. Ich habe es genau gesehen.

Als wäre auch für ihn der Bogen bis ins Unerträgliche überspannt, schaltete Papa jetzt das Radio ein. Es war so laut eingestellt, dass wir alle auf einmal zusammenzuckten. Dabei kam nicht mal Musik, sondern es rauschte ohrenbetäubend.

Nachdem er es leiser gedreht hatte, ging er auf Sendersuche. Alle quasselten kreuz und quer, dann wieder Rauschen. Es fiepte und dröhnte und entsprach ganz und gar meinem Innenleben in diesem Moment. Aber es tat gut, von außen in mich hineinzuhören. Ich hatte meine Innenwände ja schon alle abgeklopft und wusste, dass sich nirgends eine Tür befand.

Papa gab nicht auf. Nach einer Weile fand er endlich eine Frequenz, auf der eine sehr tiefe Frauenstimme etwas über Feminismus erzählte. Ich kannte den Begriff aus der Schule. Ich wusste, dass es ein Schimpfwort war. Wollte ein Junge nicht mit einem Mädchen gehen, hieß es: „Hey, bist du schwul, oder was?" Wollte ein Mädchen nicht mit einem Jungen gehen, sagte man: „Bist wohl ne Feministen-Schlampe?"

Keine Ahnung, ob ich es mir nur einbildete, aber Mutters Ohren bewegten sich nach oben, als die Frau im Radio gerade sagte, dass männliches Gedankengut schnell zu durchschauen und sehr leicht zu manipulieren sei.

Wenn sich ihre Ohren tatsächlich nach oben bewegt hatten, musste sie gelächelt haben. Ich wusste das, denn ich hatte dieses Phänomen schon bei den unterschiedlichsten Menschen beobachtet. Genau genommen bei allen Mitschülern, die jemals vor mir gesessen hatten. Ich kannte deren Nacken und Haaransätze so genau wie die meiner Eltern. Und dass ein tonloses Lachen die Ohren auf die gleiche Weise nach oben wandern lässt wie ein lautes Lachen, das wusste ich auch. Ich hatte es selbst einmal vor dem Spiegel probiert, weil ich nicht wollte, dass die, die hinter mir saßen, sehen konnten, wenn ich lachte. In der Schule gab es selten etwas zu lachen, aber die wenigen Male, in denen ich doch nicht an mich halten konnte, hatte ich die Hände zu den Ohren geführt.

Mutter musste jedenfalls gerade gelacht haben. Oder wenigstens gelächelt. Dieses Mal war *ich* mir sicher. Dieses Mal hatte *ich* es genau gesehen.

Die Frau im Radio sprach sehr bestimmt. So, als wäre sie Professorin in ihrem Fach. Ich konnte nicht weghören, wenn sie sprach. Sie könnte Bürgermeisterin sein, dachte ich, oder Lehrerin. Ich wollte auch so eine Stimme haben. Wenn man so eine Stimme hat, dachte ich, dann muss man ja etwas zu sagen haben. Ich wollte auch etwas zu sagen haben. Ich wollte auch im Radio zu hören sein. Ich wollte dringend etwas erzählen, auch wenn ich in diesem Moment nicht wusste, was.

Wir hörten ihr noch eine ganze Weile zu. Am Ende der Sendung hatte ich das Gefühl, dass Papa nicht besonders gut weggekommen war. Er tat mir leid. Er dachte: Wenn dieses verschissene Radio nicht nur diesen einen Sender empfangen würde, dann hättest du hier gar nichts zu melden, blöde Feministen-Schlampe!

Mir schien die Sonne ins Gesicht. Sofort schaltete Papa die Klimaanlage ein. Nicht dass sie da hinten noch erstickt, die Kleine. Im Gegenteil, ich begann zu frieren. Die Härchen auf meinen Armen und Beinen stachen aus einer weißen Hügellandschaft heraus. Ich hoffte, die Kamera würde sich gerade im Aufnahmemodus für Details befinden. Das musste irre aussehen auf einer großen Kinoleinwand! Meine Haut sah so aus, wie meine Zunge sich anfühlte. Alles wurde eins. Mein Körper, die Sonne, die Luft.

Merkwürdig war, dass Mutter sich genau in diesem Moment räusperte. Das Geräusch klebte im Wagen wie die Sonne an meinem Kopf. Meine Ohren krallten sich an dem Nachhall von Mutters kläglichem Husten fest. Ich wünschte mir, dass er jetzt erst richtig losginge, dass sie ein unglaublicher Anfall überkäme, dass sie auf keinen Fall aufhörte damit. Aber es geschah nichts. Immer noch waren wir wir. Eine schweigende Herde mit einem Schatten im Schlepptau, der so groß war, dass er nicht in den Kofferraum passte und nun wie eine Regenwolke über unserem Auto schwebte.

Zum ersten Mal an diesem Tag dachte ich an Tim. Es war kein Tag vergangen, an dem ich nicht an ihn dachte, seit ich ihn hinter den Mülltonnen kennengelernt hatte. Als wir uns das nächste Mal trafen, waren wir zu zweit und außer Sichtweite von Mutters Fenster. Ich nahm seinen Pimmel in beide Hände und drückte fest zu. Er schrie auf und ich sagte: „Entschuldigung!" Seitdem konnte ich mit ihm machen, was ich wollte. Ich biss ihm in die Lippen, ich drehte ihm die Brustwarzen herum, ich schnippte gegen seine Eier, als ergäbe das ein Geräusch. Aber die Geräusche kamen immer nur aus seinem Mund. Ich fand es albern, wenn er „Aua!" sagte, ich fand es albern, wenn er stöhnte, aber trotzdem wartete ich darauf. Ich hatte Mitleid mit ihm, weil er sich nicht unter Kontrolle hatte.

Ich blieb immer angezogen. Ihm befahl ich, nackt zu sein. Er hörte nicht auf, mich anzusehen, während ich an ihm herummachte.

Jetzt, wo ich im Auto saß, hätte ich gern ein Geräusch von Tim gehört, wenn Mutter schon nicht dazu imstande war, das zu übernehmen. Ich versuchte, mich an unser letztes Treffen zu erinnern, damit ich mir seine Stimme wenigstens vorstellen konnte.

Wir hatten uns in der Bude unter den Strommasten getroffen, die außer uns niemand mehr benutzte, weil es cooler war, hinter den Mülltonnen zu stehen. Er fragte schon gar nicht mehr, ob er sich ausziehen sollte, sondern faltete seine Hose zusammen und legte seine Socken obendrauf, als wäre ich seine Mutter, die ihm dabei zusah, wie er sein Zimmer aufräumte. Er legte sich hin und ich spürte, wie er mich ansah. Aber ich beachtete ihn erst nach ein paar Minuten, als er anfing zu zittern. Dann setzte ich mich auf sein Gesicht, spuckte mehrmals in seinen Bauchnabel und rubbelte ihm kräftig den Schwanz. Kurz bevor er gekommen wäre, stand ich auf und setzte mich an seine Füße. Ich zog ein paar Grashalme aus dem Boden und strich damit an seinen Sohlen entlang. Tim schrie und stöhnte und flehte mich an, ich solle das da weiter oben doch bitte zu Ende bringen. Ich stand auf, beugte mich über ihn und strich mit dem Gras an seinem Pimmel entlang. Der stand aufrecht wie eine Weihnachtskerze. Ich sah, wie die Adern unter der Haut pulsierten. Zu meinen Spielregeln gehörte, dass er mich nur anschauen durfte und dass ich nicht mit ihm sprach. Ich griff nach seiner Hand und führte sie zu seinem Ständer. Er fing sofort mit Rubbeln an, öffnete den Mund und ließ mich nicht aus den Augen. Ich beobachtete das Geschehen sehr genau und zog ihm die Hand wieder, kurz bevor er gekommen wäre, weg und biss mit ziemlicher Wucht in sie hinein. Tim schrie auf und ich konnte mir ein Grinsen nicht verkneifen. Sein Ständer kam mir jetzt noch viel größer vor und er sah aus, als würde er gleich platzen. Ich wollte hinsehen, wenn es passierte, ich war total gespannt. Aber Tim flennte, ja, es rollten ihm tatsächlich einige Tränen aus den Augen. Seine Hand wanderte immer wieder hinunter zu seiner Kerze, aber ich brauchte nur die Augenbrauen zu heben, da wanderte sie zurück in sein Gesicht, wo er sich die Tränen wegwischte und neue produzierte.

Tim hatte wahnsinnig dünnes, helles Haar. Sein Körper sah aus wie ein Stück Seife. Ich betrachtete all seine Muskeln, die sich an- und entspannten, je nachdem, ob er gerade schluchzte oder ausatmete.

Plötzlich sackte die Kerze in sich zusammen. Ein schrumpeliger Wachshaufen lag jetzt auf ihm. Ich drehte Tim auf den Bauch und schlug mit den Händen auf seinen Po. Der wurde röter und röter, und als er fast zu brennen begann, drehte ich ihn wieder zurück auf den Rücken. Da war sie wieder, die Kerze. Erneut bewegte ich seine Hand dorthin zurück und legte meine obendrauf. Ich begann zu rubbeln, und als er mitmachte, veränderte ich den Takt oder hörte zwischenzeitlich auf. Wieder begann er zu wimmern. Dann setzte ich mich zurück ans Fußende und sah ihm dabei zu, wie er zum ersten Mal kam, ohne mich dabei zu sehen.

Im Radio lief jetzt „Bicycle Race" von Queen. Ich wusste, dass der Weg zu den Großeltern weit war, aber es kam mir so vor, als seien wir schon tagelang unterwegs. Ich wurde müde.

Vor uns fuhr gerade ein LKW mit einem riesigen Bild eines Joghurtbechers hinten drauf. Während ich es anschaute, sackte ich weg und fiel in einen ruhigen, tiefen Schlaf. Ich träumte nichts, zumindest schien es mir so. Ich war einfach sehr weit weg, in einer Welt, die tief unten lag. Es war dunkel und warm, fast schon gemütlich.

Ich erwachte von einem Ruck und dem Geräusch der Handbremse, das ich schon immer beeindruckend fand. Es erinnerte mich an den Klang meiner Zähne, wenn ich sie kräftig aufeinanderpresste und dabei hin und her bewegte. Fast hätte ich genau das getan, wäre in dem Moment nicht die Tür aufgegangen, hinter der ich saß, und hätte dort nicht Großvater gestanden, der mir die Hand entgegenstreckte. Er lächelte mich an, wie er es noch nie getan hatte. Ich guckte mehrmals hin, ob es sich wirklich um denselben Mann handelte, den ich vor vier, fünf Jahren das letzte Mal gesehen hatte, aber abgesehen von seiner Freundlichkeit bestand kein Zweifel. Mit der einen Hand ergriff ich seine riesige Hand, mit der anderen löste ich den Gurt. Dann stand ich vor ihm. Er legte seine Hand auf meine Schulter und zeigte mir, wie sein Lächeln zu einem Lachen wurde. Ich war unsicher, dachte, gleich müsste es doch scheppern. Ob ich vielleicht noch schlief?

Er schob mich ins Haus, wo der Tisch gedeckt war, und sagte: „Setz dich, wenn du magst, und nimm dir schon mal ein Glas Limo!"

Das tat ich sofort, denn ich hatte wahnsinnigen Durst. Von den Bonbons, dem Schlaf, dem stundenlangen Schweigen.

Das Haus sah anders aus, als ich es in Erinnerung hatte. Sie mussten umgeräumt haben. Oder ausgeräumt? Auf jeden Fall sah es freundlicher aus, wenn auch immer noch recht kitschig. Ich sah zu der Puppe auf dem Sofa und den kleinen Schnapsgläsern in der Vitrine. Eigentlich alles wie immer, dachte ich. Was war es denn dann, was sich verändert hatte? Da hingen keine Gardinen mehr an den Fenstern, sondern weiße Rollos. Und das Sofa war nicht mehr braun, sondern hellgrau. Es sah dem bei uns zu Hause ziemlich ähnlich. Aber hier biss sich das Aussehen der Möbel irgendwie mit der Tapete. Wenn ich zu lange auf die Blumenmuster sah, wurde mir schwindelig.

Eine große Lampe stand in der Ecke. Sie sah aus wie ein Föhn aus den sechziger Jahren. Ich hatte Lust, mich darunter zu setzen und ein Buch zu lesen, aber dann fragte ich mich, warum ich hier eigentlich ganz alleine herumsaß.

Ich stellte mein Glas auf den Tisch und wollte gerade rausgehen, da bemerkte ich, dass etwas nicht stimmte. Der Tisch war nur für zwei Personen gedeckt.

Ich zählte noch mal durch. Mutter eins, Papa zwei, Großvater drei, Großmutter vier ... In dem Moment kam Großvater ins Haus. Ich rannte an ihm vorbei nach draußen. Niemand war zu sehen. Nur ein Koffer, der wie ein Mahnmal im Garten stand. Ich starrte ihn an, dann sah ich auf die Straße, auf der kein einziges Auto zu sehen war, schaute zurück auf den Koffer, auf die Straße und so weiter und so fort. Ich trat auf das Monstrum ein. Es war Mutters Koffer, das hatte ich sofort erkannt. Ich riss ihn auf und fand meine eigenen Sachen darin. Ich packte sie alle aus, schmiss sie ins Gras, alle, bis der Koffer leer war. Dann legte ich mich hinein und klappte den Deckel über mir zu. Ich atmete schnell. Zu schnell.

Da lag ich nun, alleine auf einem Rasen, in einem Koffer. Selbst wenn dieser Koffer ein Floß gewesen wäre, hätte ich nicht gewusst, wohin er mich treiben würde. Nach einer langen Weile hörte ich meinen Namen. Aber genauso irreal, wie mir der gesamte bisherige Tag erschienen war, erschien mir nun auch das. Rief da wirklich jemand nach mir, oder wünschte ich mir bloß, dass es jemand tat? Ich stieß sachte mit dem Kopf gegen den Deckel, sodass ein kleiner Schlitz entstand, durch den ich hinaus in diese komische Welt schauen konnte. Ich sah auf dem Rasen zwei Beine stehen. Ich schob den Deckel weiter hoch und ließ meinen Blick die Beine aufwärts gehen. Sie gehörten Großvater. Ich sah ihn eine Weile an und überlegte, ob ich Lust darauf hatte, mich ihm anzuvertrauen. Er wirkte traurig, fast schon verzweifelt. Er guckte mir direkt ins Gesicht und hielt dabei immer wieder die Hand über die Augen, obwohl die Sonne nicht mehr schien, und brummte so etwas wie „Mist, Mist, Mist". In der anderen Hand hielt er eine Schachtel Erdbeeren. Ich ließ den Deckel des Koffers zurückfallen, setzte mich auf und blieb im Koffer sitzen. Ich konnte mir vorstellen, darin zu wohnen. Er war nicht groß, aber er fühlte sich sicher an. Großvaters Augen waren nass. Die Erdbeeren in seiner Hand leuchteten. Immerhin gab es noch Erdbeeren, dachte ich. Er streckte mir seine freie Hand entgegen und zog mich zu sich hinauf.

Als wir im Haus waren, bemerkte ich, dass Großvater alt geworden war. Er hatte ziemlich große Ohren, mit denen er bestimmt in der Lage wäre, mich selbst dann noch zu hören, wenn ich drei Zimmer weiter Arschloch sagte. Und wenn er mir eine Erdbeere reichte, zitterte seine Hand. Er aß die Beeren, ich popelte nur an ihnen herum. Meine Hände sahen aus, als hätte ich jemanden ermordet, und auf dem Teller, auf dem ich sezierte, lag mein Erdbeerbrei-Opfer.

Großvater sprach langsam, aber trotzdem verstand ich nur einzelne Worte. „Mutter, Zuhause, tot, jetzt, Großmutter, allein, du, wir, nicht, Kraft, deine, meine, ich, hier, bleiben, bleiben, hier, bleiben, hierbleiben ..."

Es fühlte sich an, als wäre ich in einem Aquarium. Alles blubberte und Großvater verschwamm vor meinen Augen. Irgendwann stand eine Tasse Tee vor mir. Er roch gut und machte Geräusche wie ein tropfender Wasserhahn. Immer diese verfluchten Tränen! Ich wischte sie weg.

Nachdem es lange still war, so still, dass ich nur hörte, wie ich den Tee hinunterschluckte, war ich in der Lage, das Puzzle zusammenzulegen. „Ich soll also hier bei dir bleiben? Und Großmutter ist tot?" Er nickte. Ich dachte nach, versuchte es wenigstens. Wenn Großvater mich weiter mit Erdbeeren versorgen, mich nicht schlagen und ab und zu so nett lächeln würde wie vorhin, dann war das vielleicht gar keine so schlechte Idee. Gerade hatte ich noch über mein beschissenes Leben nachgedacht und schon bekam ich ein anderes. Ich würde Tim nicht mehr sehen und bezweifelte, dass wir uns schreiben würden, aber abgesehen davon fiel mir nichts ein, was mir fehlen könnte.

Großvater legte seine Hand auf meine. Sie war ganz warm und fühlte sich so an, als hätte er gerade einen Igel massiert. Ich mochte das. Ich fragte mich, wann er sterben würde. Nun, da Großmutter schon tot war, konnte es ja sein, dass Großvater auch bald dran wäre, und dann wäre ich ganz allein, mit seiner Leiche im Haus. Und da fiel es mir wieder ein. „Was wird denn jetzt aus deinem Geburtstag?", fragte ich.

Er wollte zur Feier des Tages die Regeln verändern. Nicht ich sollte ihm etwas schenken, sondern er bot mir an, mir zu wünschen, was immer ich wollte, und wir würden es auf der Stelle besorgen.

Als wir im Auto saßen, kam es mir so vor, als wäre ich zwischen dem Einsteigen in das Auto meiner Eltern und dem Einsteigen in sein Auto um Jahre gealtert. Bevor wir uns auf den Weg gemacht hatten, hatte ich sämtliche Beweise von meiner tränenreichen Ankunft aus meinem Gesicht entfernt. Das Make-up wog schwer auf meiner Haut, aber Großvater sagte, dass ich hübsch aussähe. Ich klappte die Sonnenblende herunter und den Spiegel darin auf, um zu schauen, ob er recht hatte. Aber ich erkannte mich nicht. Wir sprachen davon, wie es ist, älter zu werden. Großvater sagte, er sei genauso alt, wie er sich fühle. Und dass es gut sei, dass Großmutter gestorben war, das sagte er auch. Insgeheim musste ich ihm recht geben. Ich konnte Großmutter noch nie so gut leiden und Großvater schien sich während ihrer Abwesenheit von einem Monster in einen richtigen Menschen verwandelt zu haben. Zwei gute Gründe, die für den Tod meiner Großmutter sprachen.

Mir fiel nichts ein, das ich an ihr gemocht hatte. So sehr ich mich auch konzentrierte, es tauchten nur Bilder vor mir auf, die mich mit ihrer ganzen Hässlichkeit konfrontierten. Ihre hochgezogenen Lippen, ihre viel zu großen gelben Zähne, die sie mir gern vorm Schlafengehen zeigte, damit ich auf jeden Fall von ihnen träumte. Ihre Fingernägel, die sie selten, aber wenn, dann über ihrem Frühstücksteller schnitt, ihr geöffneter Hosenschlitz, der fehlende Schlüpfer darunter, das krause lange Haar, das hinauslugte, während sie vor dem Fernseher schnarchte.

Großvater meinte aber etwas anderes, nämlich die Qual, die keinen am Leben hält. Großmutters Qual war ihr Furunkel am Hals. Aber auch er selbst hätte sich nur noch gequält neben ihr, und wenn es so weitergegangen wäre, wäre er auch lieber gestorben. Ich war froh, dass er lebte. Wo hätten mich meine sogenannten Eltern sonst hingebracht? In ein Heim? Auf einen anderen Kontinent?

Ich fragte mich, ob sie jetzt, auf ihrer Rückreise, miteinander sprachen, genauso wie Großvater und ich. Falls Mutter überhaupt dazu in der Lage war. Und ob sie sich jetzt liebten, so wie früher, das fragte ich mich auch.

Im Tierheim angekommen, gingen wir in die Welpen-Abteilung. Dort stand ein junges Paar mit einem Knirps auf dem Arm. Sie unterhielten sich mit einer der Pflegerinnen. „Die Mutter ist ein Rottweiler, aber wer der Vater ist, wissen wir nicht. Sie war uns bei einem Spaziergang entwischt. Da muss es passiert sein. Wir haben sie lange gesucht und zum Glück auch wiedergefunden. Ein paar Wochen später war klar, dass sie schwanger war. Die anderen haben wir vermittelt bekommen, einen Welpen werden wir behalten, aber für zwei haben wir einfach keinen Platz."

Großvater und ich sahen uns an, dann hatte *ich* den Knirps auf dem Arm, Großvater verschwand mit der Pflegerin in einem Zimmer, das Pärchen rief zum Abschied: „Viel Spaß mit der Kleinen!"

Ich hatte nicht genügend Zeit gehabt, mir einen anderen Namen zu überlegen, hatte in der Zwischenzeit kein Erwachsenenbuch gelesen. Immer noch war da nur dieser Name Rosalie in meinem Kopf. Ich wollte nicht, dass Großvater einen Namen vorschlug, ich wollte, dass sie schon einen hatte, wenn er wiederkam. Also entschied ich mich für die einfachste Lösung und nannte sie Rosa. Ro wie Rottweiler und Sa wie Sascha, denn auch ich wollte einen anderen Namen haben, jetzt, wo ich nicht mehr das Kind meiner Eltern war.

Als Großvater zurückkam, stellte ich uns beide vor. Er lächelte und strich uns über die Köpfe.

Nun hatte ich eine neue Familie. Dass ich Großvater schon kannte, konnte ich oft nicht glauben. Ich hatte Schwierigkeiten, ihn mit dem Menschen, den ich in Erinnerung hatte, übereinzubringen. Er war stiller als Papa und ich zusammen und er lächelte unentwegt. Das Beste war aber, dass seine Gute-Nacht-Küsse wirklich nur aus einem Kuss bestanden und dass er sie mir auf die Wange gab. Ich wurde ruhig in seiner Gegenwart. Und wenn ich zu ruhig wurde, weckte Rosa mich wieder auf. Großvater hatte eine Kiste voll mit Spielsachen für sie besorgt. Manche quietschten, sobald sie hineinbiss, in andere konnte man Leckereien stecken. Rosa war dann stundenlang damit beschäftigt, sie dort herauszuholen.

Ich brachte ihr bei, mir zu folgen, ohne eine Leine zu benutzen. Bald konnte sie Sitz und Platz und sogar Gift. Das hieß, dass sie nicht essen durfte, was sie auf der Straße fand.

Oft trug ich sie durchs Haus wie ein Baby und fütterte sie mit einem Löffel. Meistens bekam sie die Reste von dem Essen, das bei uns übrigblieb. Großvater erklärte mir, dass Hühnerknochen für Rosa gefährlich seien. Also vergrub ich sie im Müll, knotete die Tüten mehrfach zu und brachte sie sofort nach draußen, damit sie sich nicht verletzen konnte. Ich liebte es, ihr beim Essen zuzusehen. Genauso wie sie es liebte, mir beim Essen zuzusehen.

Das gesamte Dachgeschoss war mein eigenes Zimmer. Es war so groß, dass ich darin tanzen konnte. Außer einem Tisch, einem Bett, einem Regal und einer Truhe für meine Kleider stand nichts darin. In der ersten Nacht legte ich Rosa auf meinen Bauch und hielt sie fest, weil ich Angst hatte, wir könnten in diesem Raum verloren gehen, aber schon am nächsten Morgen gefiel er mir ganz ausgezeichnet. Ich hatte das Gefühl, dass jeder meiner Schritte einen Sinn hatte, weil ich nicht nach einem Meter direkt vor einer Wand stand, so wie ich es aus dem Hochhaus gewohnt war. Meine Gedanken hallten von den Wänden wider. Für alles, was ich tun wollte, hatte ich jetzt genügend Platz. Ich wusste zwar noch nicht, *was* ich tun wollte, aber schon allein, dass ich die Möglichkeit hatte, fühlte sich gut an.

Großvater sah ich vorrangig in gebückter Haltung in den Beeten im Garten stehen.

Vor seinen Füßen wuchsen Tomaten, Himbeeren, Rhabarber und ein Kirschbaum, von dem ich die Füße baumeln ließ.

Wir fuhren mit dem Auto raus an den See und schwammen mit Rosa um die Wette, aber wir hatten selten eine Chance. Wenn sie aus dem Wasser kam, schüttelte sie sich direkt vor unseren Füßen, aber wenn sie wieder ins Auto hüpfte, war sie immer noch nass. Ich ließ die Scheibe herunter, damit der Fahrtwind sie trocknete, und die warme Luft strich wie eine Katze um meine Knie.

Auf dem Rückweg fuhr Großvater das Auto oft mitten ins Feld. Wir stiegen aus und aßen Maiskolben im Liegen. Ich fragte Großvater, ob er jetzt fertig sei, als Mensch, oder ob er sich noch einmal verwandeln würde. Er wusste, was ich meinte. Ich merkte es daran, dass er, anstatt mir zu antworten, sich zu mir drehte und mich in die Arme nahm. Ich schluckte den zerkauten Maisbrei runter und roch in ihn hinein. Er duftete nach Seife und Shampoo und nach Mais. Nach einer Weile ließ er mich los, setzte sich hin und sagte: „Niemand kann schlimme Dinge ungeschehen machen. Nicht einmal die Dinge, die er selbst getan hat. Man kann das Leben nicht zurückspulen, leider. Aber man kann die Dinge besser machen als früher und das mache ich jetzt."

„Bist du jetzt jemand anderes?", fragte ich, weil er zwar nicht anders aussah, aber sich anders benahm. Aber er sagte: „Ich glaube, dass niemand sich verändert. Ich glaube, jeder hat gute und schlechte Eigenschaften, und jeder kann entscheiden, mit welchen davon er sein Leben verbringen will."

„Also hast du jetzt ein zweites Leben?"

„Ja, das könnte man sagen. Zumindest ein anderes Leben habe ich jetzt", sagte er.

Diese Tage, in denen wir uns aufs Neue kennenlernten, Großvater und ich, in denen wir Rosa beim Wachsen zusahen und sie mit Leckereien vollstopften – sie fühlten sich an wie ein warmes Bad, in dem ich eine dreckige Kruste von meiner Haut abschrubbte. In den Nächten träumte ich davon, zu fliegen. Komischerweise konnte ich in den Träumen aber nur auf eine Weise in den Himmel gelangen, die ich, wenn ich tagsüber darüber nachdachte, ziemlich unlogisch fand, denn meine Methode funktionierte so, dass ich die Arme zu den Seiten ausstreckte, die Handflächen nach oben hielt und dann die Luft von unten nach oben drückte. So etwas konnte nur in der Nacht funktionieren, denn als ich es einmal am Tag ausprobierte, wurde mir klar, dass ich mich damit doch nur in den Boden presste.

Ich wusste gar nicht, ob ich überhaupt fliegen wollte. Ich konnte es nicht mit Bestimmtheit sagen. Durch den Fahrstuhl im Hochhaus wusste ich, wie es sich anfühlte, vom Boden abzuheben. Aber immer, wenn ich dann oben angekommen war und auf alles hinuntersah, was zur Aussicht bereitstand, wusste ich nicht, was es mir brachte hinzusehen, und ich konnte nie sagen, dass mir das, was ich sah, gefiel.

Ich war mir sicher, dass Mutter genau in diesem Moment am Fenster hinter der Gardine stand und vielleicht sogar etwas Ähnliches dachte.

Ich hingegen saß auf der Veranda und sah dem Gemüse in unserem Garten beim Wachsen zu. Der Wasserschlauch lag im Schatten. Wenn ich ihn anmachte, konnte ich die Uhr danach stellen, dass Rosa herangeeilt kam und in den Strahl hineinbiss. Manchmal lief vor dem Zaun jemand vorbei und bat darum, angespritzt zu werden, wenn es gerade besonders heiß war.

Frau Keller von nebenan winkte mir jeden Tag zu. Manchmal brachte sie sogar Kuchen vorbei.

Hier redeten die Menschen miteinander, daran musste ich mich erst gewöhnen. Großvater bestand darauf, dass ich alle grüßte, denen ich auf der Straße begegnete.

„Ein freundliches Nicken ist für den Anfang auch in Ordnung", sagte er, „aber bitte reagiere irgendwie!"

Zuerst fand ich es total verrückt, dass Frau Keller mir einfach so von ihrem Mann erzählte. Sie sagte, dass er eine Woche vor meiner Großmutter gestorben sei und dass er Ingenieur war. Seinen Hobbyraum hätte sie noch immer nicht ausgeräumt. Als ihre Augen glitzerten, senkte ich den Kopf.

Aber mit der Zeit verstand ich, dass man auch über tote Menschen reden konnte, dass Herr Keller bei ihr genauso anwesend war wie Großmutter bei uns. Herr Keller mit seinem Hobbyraum und Großmutter mit ihren Puppen. Und selbst wenn wir die Puppen verschenkt hätten, wäre Großmutter noch da gewesen. Das spürte ich ja selbst. Nur wusste ich bis dahin nicht, dass es dafür Worte gab, die man nicht nur denken, sondern auch sagen durfte.

Bald freute ich mich, sobald ich Frau Keller im Garten sah. Sie erzählte, was bei ihr gerade blühte und was dieses Jahr keine Chance hätte, und ich reichte ihr ein paar Kirschen über den Zaun.

So hätte das Leben von mir aus weitergehen können, aber eines Tages, nach dem Abendessen, zeigte Großvater mir einen Brief. Schon nach dem Lesen des Briefkopfs war mir alles klar. Ganz egal, auf welche Zeile ich mich danach versuchte zu konzentrieren, das Wort Schule hatte sich vor meinen Augen so breit gemacht, dass ich, selbst als ich nach unten zu Rosa sah, nichts erkennen konnte. Dieses verdammte Wort versperrte mir die Sicht. Wir diskutierten lange über den Sinn dieser Einrichtung, bis Großvater mir ein Glas Bier hinstellte. „Trink!", sagte er.

Ich freute mich, dass er mit mir feiern wollte, wünschte mir aber, er hätte sich dafür einen besseren Zeitpunkt ausgesucht. Allerdings wollte ich ihn auch nicht enttäuschen, deswegen nahm ich das Glas und trank einen Schluck. Ich spuckte es sofort wieder aus. Ungünstigerweise saß er direkt in meiner Ziellinie und bekam alles ab. Zum Glück fand er es lustig. Dieses Zeug schmeckte einfach widerlich.

„Siehst du", sagte Großvater, während er sich trockenwischte, „solange du kein Bier magst, bist du noch nicht erwachsen, und deshalb musst du in die Schule gehen." Er zog das Glas zu sich heran und trank es im Verlauf des Abends aus.

Rosa lag auf meinen Füßen und Großvater erzählte von der Zeit, in der er in die Schule gegangen war. Dass es da auch nicht erlaubt war, Tiere mitzubringen, außer, wenn man sie einem Lehrer schenken wollte, aber dass das nur diejenigen taten, die es sich leisten konnten. Seine Eltern konnten es sich nicht leisten und so brachte er immer nur ein Stück Holz oder ein Brikett mit, damit man während des Unterrichts nicht fror. Ich versuchte mir vorzustellen, wie Großvater aussah, als er ein Junge war, aber selbst als er mir Fotos zeigte, wusste ich, er hätte mir jedes x-beliebige Bild hinlegen können und ich hätte es geglaubt, wenn er gesagt hätte: „Hier, auf diesem Bild, das bin ich."

Dann holte er seinen Fotoapparat und machte das erste Bild von Rosa und mir. In den folgenden Tagen fotografierte er uns unentwegt, weil er den Film vollkriegen wollte. Ich hatte es nur einmal geschafft, ihm den Apparat aus der Hand zu reißen und ihn zu fotografieren. Aber genau in dem Moment, in dem ich „Lächeln!" sagte und auf den Auslöser drückte, schloss er die Augen. Ich fand das furchtbar ungerecht, aber er lachte und bedankte sich. Er sagte, dass das Einzige, was ihn wirklich interessiere, sei, wie er mit geschlossenen Augen aussehe. „Aber du hast doch so schöne Augen!", erwiderte ich. „Ja, vielleicht, aber ich schiele", antwortete er. Das war mir bis dahin gar nicht aufgefallen. Aber jetzt, wo er es sagte, sah ich es auch. Seine runden Augen, die manchmal wie Zwiebeln aussahen, wenn er weinte, guckten eigentlich beide in die Mitte, auf seine Nasenspitze. Ich fand das lustig und machte es nach. Ich übte es von da an eine ganze Weile, weil ich auch schielen wollte. Ich wollte auch Großvaters Hände und Großvaters Ohren. Ich beneidete ihn um seine Ruhe. Wie er all die schönen Details an seinem Körper hatte und damit genauso still auf einem Stuhl rumsaß wie jeder andere Mensch.

Als die Fotos entwickelt waren, stellte er mir einen Bilderrahmen ans Bett. Auf dem Foto war, neben mir und Rosa, auch das Bierglas zu sehen. Das gefiel mir. Es sah so aus, als hätte ich es doch getrunken.

An meinem ersten Schultag war Rosa zweieinhalb Monate alt. Trotz der Unterhaltung mit Großvater probierte ich, sie in verschiedene Taschen zu stecken. Aber immer, wenn ich die Tasche anhob, wurde sie nervös und sprang heraus. Ich hatte Angst, dass sie sich noch wehtat, also ließ ich es bleiben. Ich steckte mein T-Shirt in die Hose und packte Rosa da hinein. Immer, wenn ich sie an meinen Körper presste, wurde sie ruhig. So gingen wir hinunter zum Frühstück. Weil ich Rosa oft so bei mir trug, dachte ich, dass sich Großvater bestimmt erst fragen würde, wo sie war, wenn ich schon längst in der Schule saß. Aber er hatte andere Pläne. Dass es doch gut wäre, wenn er heute mit ihr einen Ausflug machen würde, damit sie von meiner Abwesenheit abgelenkt wäre. Ich war neidisch. Ich wollte auch einen Ausflug machen, aber mir fiel nichts ein, was ich erwidern konnte.

Ich fütterte Rosa mit meinem Frühstücksei und ließ sie erst aus meinem T-Shirt heraus, als ich die Haustür öffnen musste, um zu schauen, wie der Rest meiner neuen Welt aussah.

Schon auf dem Weg zur Schule fühlte es sich so an, als würden immer noch Ferien sein, so wie die letzten Wochen in Großvaters Haus. Ich konnte nicht sagen, dass ich mich schon zuhause fühlte. Alles war noch ganz neu. Mein Bett, der Geruch des Hauses, überhaupt dass es ein Haus war, ganz für uns allein. Rosa, die mit ihrer feuchten Schnauze tat, was Menschen mit den Fingern tun: mich kneifen, damit ich merkte, dass das alles wirklich war. Trotzdem fragte ich mich oft, ob diese ganze Umgebung überhaupt zu mir passte.

Ich lief den Weg an den Kleingärten entlang, auf dem Großvater und ich schon einige Male Kirschen geklaut und damit Weitspucken gespielt hatten und auf dem Rosa versucht hatte, die Kerne zu fangen.

Es war niemand zu sehen. Aber ich hatte das Gefühl, dass mich die Bäume beobachteten, dass sie ganz genau sahen, dass ich jemand Fremdes war. Ich hatte kein gutes Gefühl. Schon lange war ich nicht mehr ganz allein unterwegs gewesen. Ich hielt mich an den Riemen meines Rucksacks fest und war mir nicht sicher, ob ich in diesem Moment nicht lieber wieder die Henkel von Mutters Einkaufstasche zwischen den Fingern gespürt hätte. Ich ging geradewegs hinein, in ein riesengroßes Loch, aber ich spürte nicht einmal, wie ich ging. Ich wurde gezogen, wie ein Magnet, als würde mich irgendwer steuern.

Wie taub kam ich auf dem Schulhof an. Da stand eine riesige Villa auf dem gleichen Grundstück, auf dem auch die Schule war. Ich starrte sie an und fragte mich, ob ich mich dort nachts einmal hineintrauen würde, um zu schauen, wie es war, auf dem Balkon zu stehen. Ich ging an der Villa vorbei, vor der einige gut gekleidete Kinder standen, Jungen und Mädchen, die so alt waren wie ich. Leidensgenossinnen. Sie unterhielten sich. Wahrscheinlich über mich.

Wieder hatte ich das Gefühl, beobachtet zu werden. Endlich an der Schule angekommen, stellte ich fest, dass das gar nicht die Schule, sondern die Turnhalle war. Nun hatte ich ein Problem. Ich wusste, dass meine erste Unterrichtsstunde nicht Sport sein würde, und ich wusste, dass ich mir nicht die Blöße geben wollte, zu den anderen zurückzugehen und zu fragen, ob hier irgendwo die Gerhart-Hauptmann-Schule war. Ich zog an der Eingangstür der Turnhalle. Falls mich jemand beobachtete, hatte er jetzt keinen Zweifel mehr daran, dass ich genau wusste, was ich tat. Zum Glück war die Tür nicht verschlossen, aber nun stand ich auf dem Parkettboden, mitten in dieser riesigen Halle, und wusste nicht, was ich als Nächstes tun sollte.

Hier drinnen sah die Halle viel moderner aus, als es von außen den Anschein gemacht hatte. Da war ein Basketballfeld, Rhönräder, einige Recke, große Körbe voll mit Fußbällen, Handbällen, Tennisbällen. Es gab sogar einen Beachvolleyballplatz, mit echtem Sand. Dahinter hing eine Palmenstrand-Tapete. Ich stellte meinen Rucksack ab, zog die Schuhe aus und schob meine Füße in den Sand hinein. Ich bohrte die Zehen tief hinein, bis sie ganz kalt waren, und sah die Tapete an. Leider hatte sie einige Blasen, weswegen ich nicht das Gefühl bekam, auf eine echte Landschaft zu blicken. Plötzlich dachte ich an die Tapete im Hochhaus, an die vielen Noppen, die ich abgepopelt hatte. Mir fiel nichts Besseres ein, als die Blasen auf der Tapete zu zählen. Wenn ich durcheinanderkam, fing ich wieder von vorne an.

Irgendwann hörte sich meine Stimme ganz anders an, bis ich bemerkte, dass ich nicht allein war, dass da noch jemand zählte, dass da jemand mit mir zusammen einer sinnlosen Beschäftigung nachging. Ich hörte sofort auf und sah mich um. Ein paar Meter entfernt, auf einem Sprungbock, saß ein Mädchen, das einen Namen haben musste, in dem das Wort Schönheit enthalten war. Sie hatte schwarzes Haar und so blaue Augen, dass es schon von Weitem wehtat, da hineinzusehen. Ihre Haut sah aus, als würde man ausrutschen, wenn man sie berührte.

„Hi, ich bin Charlie", sagte sie mit einer überraschend tiefen, kratzigen Stimme. „Ich soll dich holen."

Ich kam mir total bescheuert vor, ich schämte mich. Charlie hatte einen schwarzen Anzug an, und obwohl sie jetzt anfing, Kaugummi zu kauen und damit Blasen zu machen, sah sie sehr elegant aus. Ich schaute an mir herunter. Ich hatte eine dieser blöden Hosen an, die Mutter mir im Katalog bestellt hatte, dazu ein T-Shirt, auf dem nichts Cooles stand, was in irgendeiner Weise hätte zeigen können, dass ich innendrin ganz anders war, und die einzige Jacke, die Mutter mir in den Koffer getan hatte, weil sie wusste, dass ich sie nicht leiden konnte, denn sie war rosa. Außerdem war sie für die Temperaturen eigentlich viel zu warm.

Wahrscheinlich wurde ich rot. Ich zog mir schweigend meine Schuhe an und folgte Charlie in die Villa, die also meine neue Schule war.

Sie ging schnell, ich hatte Mühe, ihr zu folgen. Ich wollte die Bilder an den Wänden anschauen, mich in einen der alten Sessel setzen, die in der Empfangshalle standen, aber ich beeilte mich und war bald neben ihr. Plötzlich fasste sie meine Hand und öffnete eine Tür. Jetzt kam ich mir wieder bescheuert vor. Hand in Hand, wie zwei kleine Kinder, standen wir nun vor der Lehrerin, vor der gesamten Klasse. Alle sahen uns an.

„Du bist also Sascha?", fragte die Frau mit der Kreide in der Hand. Ich nickte. Sie lächelte und sagte: „Na, dann setzt euch mal hin."

Charlie zog mich an der Wand entlang in die letzte Reihe, wo ich neben ihr Platz nahm. Erst als die Lehrerin „Frau Zacharias" an die Tafel schrieb und darum bat, ein bestimmtes Heft aufzuschlagen, bemerkte ich, dass Charlie noch immer meine Hand festhielt.

Sprach Frau Zacharias von Drehbewegungen oder drehte sich der Raum oder drehte ich mich selbst? Ich wusste es nicht. Ich starrte auf ihre Frisur, als wäre sie der Horizont, während ich mich auf einem Schiff befand.

Sie hatte einen Dutt aus reichlich dickem, grauem Haar und sah dadurch sehr mütterlich, fast schon warmherzig aus. Sie trug ein beigefarbenes Kleid, das eigentlich wie ein Kittel aussah. Ihre Arme waren sehr braun. Ich mochte ihre Stimme. Aber von dem, was sie sprach, verstand ich nichts. Ich war zu konzentriert auf meine Hand. Oder auf die von Charlie. Ich konnte nicht mehr sagen, welche Hand meine war.

Dieser Klassenraum war eine Bühne. Und Charlie, in ihrem Anzug, stand obendrauf. Frau Zacharias machte die Hintergrundmusik, alle anderen waren Statisten, Lampen oder Bäume. Nur Charlie atmete. Ich saß da, ganz steif, umwickelt von Charlies Hand, und fragte mich, ob mein Herz gewachsen war. Es pochte so heftig, dass mein gesamter Körper gegen sich selbst zu kämpfen schien, in Wellenbewegungen, wie ein Lautsprecher, aus dem in voller Lautstärke ein fremdes, aber schönes Lied schallte.

Der gesamte Tag verging auf irgendeine Weise. Meine Hand war wie aus Watte.

Charlie lief mit mir den Weg an den Kleingärten entlang. Wir hatten noch kein Wort gesprochen, und gerade als ich dachte, dass wir das auch niemals tun würden, fragte sie mich, woher ich käme.

„Aus einem Hochhaus“, sagte ich.

„Aus welchem Stock?“, wollte sie wissen.

„Aus dem zehnten.“

Die Antwort schien ihr zu genügen. Darüber war ich froh. Ich wollte ewig mit ihr Hand in Hand gehen, sie einfach nicht mehr loslassen. Ich stellte mir vor, wie wir zusammen am Tisch sitzen und uns gegenseitig füttern würden.

„Kommst du mit mir mit?", fragte sie.

Ich sagte ja, obwohl ich nein meinte. Ich wollte Rosa sehen und ich wollte nicht, dass Großvater sich Sorgen machte. Also schob ich schnell hinterher, dass wir vorher noch zu mir gehen müssten. Sie schien nichts dagegen zu haben. Ganz im Gegenteil.

Als wir angekommen waren, Rosa begrüßt hatten und ich Großvater all seine Fragen über die Schule beantwortet hatte, wollte sie mein Zimmer sehen. Ich klemmte mir Rosa unter den Arm und wir gingen nach oben.

„Wow", sagte sie und ging mit großen Schritten durch den Raum. Erst jetzt fiel mir auf, dass wir uns gar nicht mehr an den Händen hielten. Charlie ließ sich aufs Bett fallen. Ich fragte nicht nach dem eigentlichen Plan, noch woanders hinzugehen, wohin auch immer sie eigentlich hatte gehen wollen. Ich fragte gar nichts. Wie eine Fremde stand ich in meinem eigenen Zimmer und sah Charlie dabei zu, wie sie sich ihr Jackett auszog. Darunter trug sie ein weißes Feinripphemd, das ihr ein bisschen zu groß war. Ich konnte ihre Nippel hindurchscheinen sehen.

„Hast du auch schon welche?", fragte sie, während sie für eine Sekunde das Hemd anhob und dann sofort wieder fallen ließ. Auch wenn es nur ein kurzer Moment war, gab er mir genügend Zeit zu sehen, dass sie schon richtige Brüste hatte und dass ihr Dekolleté von Narben übersät war.

Charlie kam von nun an jeden Tag zu mir. Morgens holte sie mich ab, nach der Schule ging sie mit mir nach Hause. Nach einer Woche fragte Großvater uns beide, was wir uns zu essen wünschten, wenn wir zurückkämen. Sie gehörte jetzt zur Familie, auch wenn sie nie über Nacht blieb, außer ein einziges Mal, als wir aus Versehen einschliefen, nachdem sie mir gezeigt hatte, wie sie masturbierte. Ich musste ihr versprechen, auf dem Kissen zu schlafen, auf dem sie es getan hatte, so lange, bis es nicht mehr nach ihr roch.

Am nächsten Morgen stand Großvater mit zwei Brotdosen in der Tür und sang: „Wachet auf, wachet auf, es krähet der Hahn, die Sonne betritt ihre goldene Bahn." Bis dahin hatte ich keine Ahnung davon gehabt, wie schön Großvater singen konnte. Wie ein richtiger Opernsänger klang er!

Aber Charlie freute sich überhaupt nicht darüber und schien auch nicht so erstaunt zu sein wie ich. Sie sagte nur: „Scheiße, Scheiße, Scheiße, wie spät ist es jetzt?"

Großvater zwinkerte mir zu und sagte: „Sieben Uhr dreißig. Zeit, zur Schule zu gehen. Soll ich deine Eltern anrufen?"

Charlie war wie ausgewechselt. Sie tat etwas, das ich ihr gar nicht zugetraut hatte: Sie weinte.

„Ich kann heut nicht in die Schule kommen", sagte sie, „ich muss nach Hause."

Seit diesem Tag war ich immer wachsam, wenn Charlie bei mir war. Ich wollte nicht, dass sie noch einmal einschlief. Ich wollte nicht noch einmal ohne sie in die Schule gehen, nicht mit all den Langweilern alleine sein, nicht einmal allein mit Frau Zacharias wollte ich sein, die ich gedanklich schon längst mit Großvater verkuppelt hatte. Ohne Charlie war mein Leben wie ohne Rosa. Die beiden teilten sich mein Herz, das Großvater in Händen hielt.

An dem Tag, an dem Charlie nicht bei uns war, spielten Rosa und ich zu Hause Verstecken. Ich hockte hinter dem Sofa, während sie quer durchs Haus tappte und dabei aufgeregt winselte. Als Großvater vom Einkaufen zurückkam, fing Rosa laut an zu bellen, als wollte sie sagen, dass er ihr helfen solle, mich endlich zu finden. Ich blieb, wo ich war. Nur weil Großvater nach Hause kam, wollte ich sie nicht schon wieder gewinnen lassen. Rosa bellte und bellte, ich hörte ihre Schritte genauso deutlich wie die von Großvater, aber lange nichts weiter als das. Ich wartete, obwohl mir dabei etwas mulmig wurde. In einem Versteck zu sitzen und darauf zu warten, dass der Hund mich fand, war etwas anderes, als zu wissen, dass Großvater mich suchte. Mein Versteck schien sehr gut zu sein, denn es geschah lange nichts. Bis er mich endlich rief. Aber dabei benutzte er zum ersten Mal wieder meinen alten Namen. Ich erschrak. Seine Stimme klang wie ein Instrument, das nicht gestimmt war. „Wo bist du?", rief er und immer wieder diesen Namen. Er klang so eng, so verbissen.

Jetzt, wo ich ihn noch einmal hörte, wurde es mir wieder klar. Das war ich nicht. Dieser Name klang nicht nach der Person, die ich war, und auch nicht nach der, die ich sein wollte.

Großvater rief und rief, aber ich hörte, dass er keine Wörter mehr ausstieß, sondern pure Angst. Ich weiß nicht, warum, aber ich reagierte nicht sofort. Jetzt hatte ich auch Angst und ich wurde wütend. Wenn er noch einmal meinen alten Namen rief, dann würde ich ins Sofa beißen und ein ordentliches Stück herausreißen, dachte ich. Stattdessen schrie ich zurück: „Ich heiße Sascha, Sascha heiße ich!"

Rosa war es egal, wie meine Stimme klang, ihr ging es nur darum, mich zu finden, also stürzte sie los. Sie kroch unter dem Sofa durch, presste sich an mich, wedelte heftig mit dem Schwanz und schlabberte mir im Gesicht herum, so sehr freute sie sich. Ich hievte sie auf meine Arme, als ich aufstand. Dieses schwere Tier war jetzt ganz eindeutig kein Baby mehr.

„Wo soll ich denn hin?", sagte ich, ein bisschen zu vorwurfsvoll. „Ich werd doch nicht abhauen, was denkst du denn von mir?"

Großvater hatte Tränen im Gesicht. Wir mussten nicht weiter darüber reden. Es war alles gesagt. Und gefühlt sowieso. Zum ersten Mal hatte ich eine Ahnung davon, was diese komische Liebe war.

Zu meinem vierzehnten Geburtstag hatte Großvater im Garten einen Schneemann gebaut und ihm vor die Füße mein Geschenk gelegt. Er machte ein Foto davon, wie ich den Schneemann umarmte, und dann gingen wir zurück ins Haus. Gerade als wir die Tür geschlossen hatten, klingelte es. Großvater öffnete die Tür und nahm dem Postboten ein weiteres Geschenk ab. Es sah lang nicht so schön aus wie das von Großvater, denn es war nur in schnödes, braunes Packpapier eingeschlagen. Als ich es mir genauer ansah, konnte ich den Absender lesen: Papa.

Sein Name donnerte durch meinen Schädel wie ein Presslufthammer. Ich wischte das Paket mit einer kräftigen Bewegung vom Tisch. Es fiel auf den Boden, wo es sich mehrfach überschlug. Rosa erschrak. Auch Großvater sah mich erschrocken an, sagte aber nichts.

Als wäre das Papa-Päckchen nun unsichtbar geworden, kehrte ich zum eigentlichen Geschehen zurück und öffnete Großvaters Geschenk.

Auf dem Papier waren Noten zu sehen und eine Million Mal der Schriftzug „Happy Birthday". Als ich das Papier aufgerissen hatte, kam ein Karton zum Vorschein, und als ich den auch noch geöffnet hatte, eine Gitarre. Eine echte Gitarre. Ich konnte den Mund nicht mehr schließen. Irgendwie rannen mir Tränen die Wangen hinab. Dabei war ich nur zur Hälfte traurig. Ich war überfordert von der Größe meines Glücks. Es war größer als die schäbige Erinnerung an zwei Menschen in einem Hochhaus, von dem aus sie, egal, in welchem Stock sie wohnten, nicht bis hierhin gucken konnten, nichts von alldem wussten, was sich hier abspielte, mit mir, mit Rosa, mit Charlie, mit einer Gitarre auf dem Frühstückstisch. Ich ließ mich von Großvaters Armen verstecken und trocknete meine Tränen an seinem Hemd.

Den ganzen Morgen über waren wir eine Band. Ich schrummelte auf den Saiten herum, während er dazu sang. Er sang von mir und von einem Hund, der alle Tricks beherrschte, zum Beispiel das Betteln, und dann schob er Rosa ein Brötchen ins Maul und wir lachten, weil sie es, ohne zu kauen, herunterschluckte. Sie sah aus, als ob sie lächelte, während ihr wedelnder Schwanz gegen das Tischbein schlug.

Sie war jetzt schon so groß, dass ich hinfallen konnte, wenn sie an mir hochsprang und ich nicht darauf vorbereitet war. Großvater hatte aufgehört zu sagen, dass er ja nicht ahnen konnte, wie groß dieses Tier einmal werden würde. Er hatte sich daran gewöhnt, dass sie ihm oft den Weg versperrte, indem sie ausgestreckt im Raum rumlag. Oft hatte ich das Gefühl, dass sie das mit Absicht tat. Sie lag immer genau dort, wo sie auf jeden Fall störte. Brachte man gerade ein Tablett aus der Küche zum Esstisch, musste man garantiert an einer Stelle sehr aufpassen, um nicht der Länge nach zu stürzen. Hätten wir gezählt, wie oft wir über sie hinweggestiegen waren, es wäre mit Sicherheit eine zweistellige Zahl pro Tag dabei herausgekommen.

Rosa konnte selbst die Tür aufmachen, wenn sie nach draußen wollte. Großvater hatte ihr beigebracht, das auch zu tun, wenn es nach drinnen ging, damit er die Einkaufstüten nicht abstellen musste, wenn er ins Haus hineinging. Mittlerweile war das Türenöffnen Rosas Hobby. Sie öffnete uns auch, wenn sie allein zuhause war und unsere Schritte auf der Veranda hörte.

Großvater hatte nachgelesen, dass sie noch weiterwachsen würde, bis sie anderthalb Jahre alt war. Ich hatte nichts dagegen. Ich mochte es, mit ihr durch die Straßen zu gehen. Mit ihr fühlte ich mich vollständig. Sie lief immer dicht hinter mir, als wäre sie mein Schatten.

An diesem Tag war sie sehr glücklich, weil ich ihr Schneebälle warf. Sie sprang nach ihnen, biss in sie hinein und schüttelte sich. Sie liebte den Schnee. Immer wieder schubste ich sie in die Schneemassen hinein, dann wieder sprang sie an mir hoch und wir fielen zusammen hin, in diesen weichen Teppich, von dem Reste an ihrer süßen Schnauze klebten.

Charlie kam am Nachmittag. Sie sah müde aus. Ich zeigte ihr meine Gitarre. Auch sie konnte eine Weile den Mund nicht schließen.

Während ich ihr Geschenk in meinen Händen wog, fing sie an, die Saiten zu zupfen. Sie sagte, sie könne auch nicht Gitarre spielen, aber es klang viel schöner als das, was ich bislang konnte. Sie ging es viel gefühlvoller an. Es fiel mir schwer, mich aufs Auspacken des Geschenks zu konzentrieren. Ich dachte, wenn sie jetzt mit ihrer schönen Stimme auch noch anfangen würde zu singen, wäre ein neuer Star geboren.

Charlie stand so vor dem Tisch, dass die Lampe, die direkt über ihrem Kopf hing, ein gutes Scheinwerferlicht abgab. Ich legte das Geschenk aus der Hand, setzte mich hin und hörte ihr zu. Die Ringe unter ihren Augen machten das Bild einer richtigen Musikerin vollständig. Ich stellte mir vor, dass ich gerade in einer Arena saß, um mich herum tausende Menschen, die genauso gebannt auf Charlie sahen wie ich. Sie war völlig versunken. Die Töne, die sie spielte, legten sich ganz zaghaft in den Raum, als würden sie sich dort sehr wohl fühlen. Ich fühlte mich auch sehr wohl. Großvater kam herein und setzte sich an die andere Seite des Tisches. Das Publikum wuchs an. Es hätte mich nicht gewundert, wenn die gesamte Nachbarschaft, von Charlies Gitarrenspiel angelockt, hereingekommen wäre. Aber wir blieben zu zweit, wobei ich mir sicher war, dass Großvater genauso empfand wie ich.

Er war eintausend Menschen und ich war eintausend Menschen und zusammen waren wir weit gereist, nur um Charlie live spielen zu hören.

Irgendwann wachte sie auf, obwohl sie die Augen nicht einen Moment geschlossen hatte. Sie lächelte verlegen und stellte die Gitarre an die Wand, als wäre sie das Wertvollste, das sie jemals in den Händen gehalten hatte.

„Hey, du hast mein Geschenk noch nicht ausgepackt? Jetzt aber mal los!", sagte sie. Und schon war sie wieder die Alte. Ich gehorchte, weil ich wusste, dass jedes Betteln und Flehen, dass sie weiterspielen sollte, den ganzen Tag, die ganze Woche, zwecklos gewesen wären.

In dem Geschenk war ein Ring. „Ich habe ihn selbst gemacht", sagte sie und zog aus ihrer Hosentasche einen weiteren heraus, der genauso aussah. „Ich habe sie beide selbst gemacht."

Es waren Ringe, die wie Spiralen die Finger umwickelten. Sie waren wunderschön. Ich war begeistert, dass jetzt jeder, der noch nicht verstanden hatte, dass Charlie und ich zusammengehörten, nicht mehr drumherum kam, das zu sehen. Großvater interessierte sich dafür, wie sie die Ringe gemacht hatte, ob sie aus Kupferdraht seien und ob Charlie einen Lötkolben hatte. Ich legte meine Hand neben Charlies Hand und sagte, dass wir sie niemals verlieren dürften.

Den restlichen Tag verbrachten wir auf dem Rodelberg. Ab und zu grüßte Charlie jemanden, wenn wir unten ankamen. Ich fragte sie, wer das sei, und sie lachte und sagte: „Na Mirko, der sitzt in der dritten Reihe links am Fenster." Oder: „Elena, die immer so stottert, wenn Frau Zacharias sie etwas fragt!"

Ich packte den Schlitten und zog ihn wieder nach oben. Auch wenn es mich wunderte, dass ich niemanden von ihnen erkannte, mit denen ich an fünf Tagen in der Woche in einem Raum saß, war es mir egal. Ich hatte auch keine Lust, sie hier auf dem Rodelberg kennenzulernen. Es gab nur Charlie und mich auf dem Schlitten und Rosa, die hinter uns herrannte, als ginge es um Leben und Tod.

Am Abend, als Charlie zu Hause und Großvater und ich alleine waren, sagte er, er hätte mir Papas Päckchen ins Zimmer gestellt. So könne ich es öffnen, wann immer mir der Sinn danach stünde. Ich wusste nicht, ob mir jemals der Sinn danach stehen würde.

Bis zu dem Moment, in dem das Päckchen kam, waren meine Eltern irgendwelche Menschen, an die ich nie dachte, und wenn, dann nur, weil ich froh war, dass jetzt ein ganzer Dachboden mein Zimmer war und nicht, wie im Hochhaus, ein Zimmer, in dem ich mich fühlte wie in einem Schuhkarton. Oder weil es bei Großvater morgens heißen Tee gab und nicht, wie im Hochhaus, kalten Malzkaffee. Ich konnte mich kaum daran erinnern, wie sie aussahen, diese Eltern, wie ihre Stimmen klangen. Und zum Glück auch nicht daran, wie sie rochen.

Aber als ich auf meinem Dachboden ankam, wirkte Papas Päckchen wie der Koffer, der damals im Garten stand und mir mit seinem Anblick zu verstehen gab, dass Großvaters Haus das Ziel unserer Reise, genauer gesagt *meiner* Reise war.

Ich hatte keine Ahnung, was mir dieses hässliche Päckchen nun auch noch offenbaren wollte, denn eigentlich wusste ich längst alles, was ich wissen musste, aber ich merkte, dass ich traurig wurde, dass es nicht von Mutter war. Die Neugierde, herauszufinden, ob sie mir wenigstens eine Nachricht hineingesteckt hatte, brachte mich dazu, es doch zu öffnen.

Ich setzte mich aufs Bett, Rosa folgte mir und legte sich neben mich auf die Matratze. Es dauerte einen Moment, bis sie verstand, dass ich sie nicht streicheln, nicht mit ihr spielen wollte, bis sie mich den Karton öffnen ließ. Nachdem ich das Klebeband entfernt hatte, klappte ich die Laschen auf und entnahm dem Karton eine weitere Schachtel. Ich öffnete sie.

Obenauf lag ein Zettel, auf dem stand: „Hallo meine Kleine, Alles Gute zum Geburtstag. Ich hoffe, du hast einen schönen Tag. Du fehlst mir und ich denke, dir geht es sicher nicht anders. Deswegen schicke ich dir eine Unterhose von mir (Ich habe sie drei Tage lang getragen) und möchte dich bitten, mir auch eine von dir zukommen zu lassen. Denk immer daran, dass ich dich liebe, ganz egal, wo du bist. Dein Papa"

Als hätte ich nicht verstanden, was auf dem Zettel stand, hob ich ihn hoch und realisierte erst, als ich den gelblichen Stoff in der Schachtel erblickte, was ich gerade gelesen hatte. Ich warf die Schachtel in den Raum hinein. Sofort sprang Rosa auf, der Schachtel hinterher, als wäre sie ein Ball. Vor lauter Zorn rief ich: „Fass,

Rosa, fass!" Aber schon als sie bemerkt hatte, dass es sich nicht um ihr Spielzeug handelte, das da auf dem Boden lag, sah sie mich verwirrt an, so als würde sie auf eine Antwort warten. Aber ich hatte keine. Im Gegenteil, eigentlich wünschte ich, Rosa könnte zur Abwechslung mal ein schlaues Wort zu mir sagen.

Ich saß kerzengerade auf dem Bett und fühlte mich zum ersten Mal unsicher in Großvaters Haus. Mir war schwindelig, obwohl sich mein Körper anfühlte wie ein Brett. Außen war alles steif und kalt und innen wütete ein tosendes Meer. Rosa schien auch in eine Starre verfallen zu sein. Wie aus Langeweile ließ sie den Kopf erneut zu Boden gehen und steckte ihre Schnauze in die drei Tage alte Unterhose meines Vaters.

Das machte mich noch wütender. Ich wollte, dass sie begriff, was sie da tat. Ich stand auf, nahm das widerliche Ding in die Hand, hielt es ihr vor die Nase, warf es auf die andere Seite des Raums, zeigte mit dem Finger darauf und rief wieder: „Fass, Rosa, na los!"

Recht lustlos, aber immerhin gehorchend, setzte sie sich in Bewegung, nahm den Fetzen ins Maul und schaute mich fragend an. Ich ging zu ihr, griff einen Zipfel des Stoffs, zog daran und befahl ihr, ihn weiter festzuhalten. Ich wirbelte sie umher, nach links und rechts, bis die ersten Geräusche von reißendem Gewebe zu hören waren.

Wir hatten es geschafft. Mit vereinten Kräften hatten wir Papas widerliche Unterhose zerstört. Erleichtert packte ich Rosa mit beiden Armen und presste sie an mich. Ich konnte die Tränen nicht aufhalten. Sie rannen in ihr Fell hinein, während sie stillhielt und sich beinahe anfühlte wie ein riesiger Stein.

Ich zog sie unter die Dusche. Ich seifte uns beide ein, hielt auch ihr Maul auf und spülte es mit reichlich Wasser aus. Sie ließ es über sich ergehen.

Die nächsten Unterhosen ließen nicht lange auf sich warten. Zunächst hatte ich Angst, dass er mir nun jeden meiner Geburtstage mit seinen Päckchen verderben würde, aber seine verbitterten Worte hatten anscheinend keine Zeit, sich ein ganzes Jahr lang zu gedulden. Auch wenn ich mich ab diesem Tag nicht mehr so leicht fühlte, so als hätte ich meine Eltern im Gegenwind auf der Autobahn abgeschüttelt, war ich doch irgendwie froh darüber, dass ich auch an ganz normalen Tagen mit seinen Unterhosen konfrontiert wurde, denn so konnte er mich an meinen Geburtstagen nicht mehr schockieren.

Seine Post gehörte bald zu meinem Leben dazu. Ich las die Nuancen seiner Frustration aus seinen Zeilen heraus. Aus den Zetteln wurden Briefe, in denen er mir beschrieb, wie sich sein Schwanz in der einen Hand anfühlte, während er mit der anderen diese Zeilen schrieb.

Ich wurde mit seinen Unterhosen fünfzehn, ich wurde mit seinen Unterhosen sechszehn und ich wurde damit siebzehn.

Ich wunderte mich über seine fehlende Kreativität. Dass ihm nichts anderes einfiel, als mir seine fleckigen Schlüpfer zu schicken und mich immer wieder um meine zu bitten.

Rosa und ich hatten unser Ritual verfeinert. Mittlerweile brauchte sie mich nicht mehr, um dafür zu sorgen, seine Anwesenheit in unserem Haus immer aufs Neue zu zerstören. Sie roch schon von weitem, wenn wieder ein Papa-Päckchen angekommen war. Wenn ich aus der Schule kam, öffnete sie mir manchmal mit wedelndem Schwanz und einem Päckchen im Maul die Tür und rannte dann eilig nach oben. Ich folgte ihr, öffnete das Paket, warf ihr die Buchse hin, die sie brav zerfetzte, während ich Papas Zeilen las.

Wenn Charlie dabei war, las ich sie laut vor und betonte sie genauso, wie ich es sonst im Stillen machte. Sie lachte dann, schlug mit der Hand auf die Matratze und fügte jedes Mal, wenn das Wort Schwanz vorkam, ein „mickrig" hinzu.

Auch für das Entsorgen der Reste hatte ich ein Ritual entwickelt. Seine gesamte Post landete an ein und derselben Stelle, auf einem Lagerfeuerplatz, der sich auf dem Weg zur Schule befand. So, wie ich früher die Pausenbrote hätte entsorgen sollen, verbrannte ich feierlich die Post meines Vaters. Ich blieb immer so lange davor stehen, bis ich sicher war, dass nichts übriggeblieben war. Kein Zipfel seiner Shorts, keine Zeile, die etwas von ihm bewahrt hätte. Ich verbrannte jedes Wort und jede Faser, alles, was seinen Schwanz berührt hatte.

In dieser Zeit fing es an, dass Charlie und ich nicht mehr masturbierten, sondern uns gegenseitig berührten. Wenn wir keinen Sex hatten, lagen wir uns in den

Armen, hielten uns aneinander fest und versuchten den Geruch der anderen in uns zu speichern.

Wir sprachen von den Vorteilen, die es hatte, dass wir kein hartes Glied am Körper trugen, das die Zärtlichkeit kaputt machen würde, die wir miteinander hatten. Charlie konnte ihren Finger anspannen, wie sie wollte, er wurde einfach kein Schwanz, denn er bewegte sich gefühlvoller und war lang nicht so groß und dick wie Papas Gute-Nacht-Kuss.

Manchmal legte ich mich auf sie und drückte meine Muschi so fest auf ihre, dass es sich anfühlte, als würden sie sich küssen. Ich bewegte mich so lange vor und zurück, dass mir schon das Schambein wehtat. Aber wir konnten nicht aufhören und pressten uns immer tiefer in die Matratze hinein. Wir badeten ineinander, wir klebten zu einem Körper zusammen.

Charlies Orgasmen sorgten für meine Orgasmen. Wir brannten wie Feuer, obwohl wir doch schwammen.

Manchmal dachte ich an Tim, aber Charlie erzählte ich nicht von ihm. Immerhin hatte ich keinen Sex mit ihm gehabt. Zumindest nicht solchen, der vergleichbar gewesen wäre mit dem, den ich mit Charlie hatte. Es erschien mir nicht wichtig, sie darüber zu informieren, wer ich einmal gewesen war, auch wenn ich mich oft fragte, ob Tim sich nach mir sehnte oder ob er mittlerweile auch jemanden gefunden hatte, der so zärtlich war wie Charlie.

Als ich Charlies Dekolleté berührte, nahm ich ihr das Versprechen ab, dass sie sich nicht noch einmal verletzte. Ich sagte, dass ich ihre Narben mit der Zeit sicher wegküssen könnte. Aber diese Aufgabe sei schon schwer genug, deswegen dürfe sie nicht für noch mehr Narben sorgen.

Sie fragte, wann ich Großvater von Papas Päckchen erzählen wollte. Auch wenn sie an meinen Argumenten zweifelte, tat sie so, als würde sie mich verstehen.

„Weißt du", sagte ich, „Papa ist Großvaters Sohn. Und den eigenen Sohn liebt man immer, egal, was er macht."

„Aber deine Mutter hat dich auch nicht geliebt", sagte Charlie.

„Kann schon sein. Vielleicht aber doch und sie konnte es nur nicht so zeigen."

Ich dachte an die Zeilen aus Papas Briefen, in denen stand, was passieren würde, wenn ich jemandem davon erzähle. Charlie kannte er ja nicht, weswegen sie nicht zählte. Außerdem hätte Charlie niemals ein Geheimnis verraten, darauf war Verlass.

Bei Großvater war ich mir da nicht so sicher. Ich kannte den neuen Großvater nicht lange genug, um das einschätzen zu können. Aber ich wollte unbedingt bei ihm wohnen bleiben und abgesehen von den Päckchen war doch alles gut.

„Der soll sich *einmal* hier blicken lassen, dann kann er mal sehen, was passiert, wenn du jemandem davon erzählst!", sagte Charlie.

Bevor Charlie ging, spielte eine von uns der anderen etwas auf der Gitarre vor. Das Geräusch, das das lackierte

Holz an der nackten Haut machte, passte manchmal zur Melodie. Ich mochte das Bild von Charlies eingequetschten Möpsen hinter dem Gitarrenkorpus. Und den Abdruck, den die Gitarre auf der Brust hinterließ, wenn sie sie ablegte.

Wenn sie mir etwas vorspielte, hörte ich aufmerksam zu und studierte genau, wie sie die Finger setzte, um es nachzuspielen, wenn sie gegangen war, damit sie mir nicht ganz verloren ging, während ich nachts alleine war.

Da Charlie wenig davon erzählte, stellte ich mir immer vor, wie es bei ihr zuhause war.

Wenn ich sie fragte, ob sie mich mal mitnehmen würde, sagte sie: „Das willst du nicht kennenlernen, glaub mir!"

In meiner Vorstellung lauerte in Charlies Zuhause eine Bedrohung hinter den Wänden, die man auch dann spüren konnte, wenn man viele Meter weit davon entfernt stand.

Im Haus drinnen brannte nie Licht. Man sah einfach in schwarze Löcher hinein und erkannte nichts.

In meiner Vorstellung stand das Haus von Charlie am äußersten Rand des Ortes. Dahinter folgte nur noch Feld. Auch vor dem Haus dünnte sich die Bebauung der Straße deutlich aus. Es wirkte so, als würden die Menschen nicht nah an dem Haus von Charlie wohnen wollen, oder so, als hätten Charlies Eltern das Haus extra weit entfernt von den anderen gestellt.

Zusätzlich fiel es ins Auge, weil es anders aussah als die restlichen Häuser, denn es war aus Holz gebaut. Es gab keine Wiese und keinen Baum auf dem Grundstück. Es war auch kein Weg angelegt. Charlies Haus stand einfach auf ein paar Quadratmetern Erde, als wäre es das, was man hier anpflanzte, anstelle von Blumen und Gemüse. Wenn es regnete, war es sicher kein Spaß, hier hinein- und hinauszugehen.

Zweimal hatte ich versucht, ihr zu folgen. Weil ich neugierig war oder weil ich mir Sorgen machte – ich konnte das nicht unterscheiden. Aber jedes Mal hatte sie mich bemerkt, sich zu mir umgedreht, gewartet, bis ich bei ihr war, mir ganz ruhig in die Augen gesehen und mit ihrer schönen Stimme erneut diesen Satz gesagt: „Das willst du nicht kennenlernen, glaub mir!"

Dann hatte sie mir einen Kuss gegeben und war weitergegangen. Sie hatte sich nicht noch einmal umgedreht, aber ich war mir sicher, dass sie es bemerkt hätte, wäre ich weiter hinter ihr hergegangen.

Irgendwann würde sie von ihren Eltern weggehen, so wie ich, und dann würde sie mir erzählen, was sie so quälte. Bis dahin würde ich zumindest dann auf sie aufpassen, wenn sie bei mir war, und dafür sorgen, dass sie nur Gutes erlebte.

Mein Leben verlief wie eine Landschaft. Mit Charlie befand ich mich auf dem größten Berg, der jemals erklommen wurde: in meinem Bett. Wenn Großvaters Gesang aus dem Tal zu uns drang, wussten wir, dass es Essen gab. Rosa war eine typische Waldbewohnerin, die immer wieder hinter einem Baum hervorgeschossen kam und uns damit zum Lachen brachte. Dann waren da noch Papas Päckchen, die aus dem Erdreich kamen, wie riesige Würmer oder Leichen, die ihre Finger nach mir ausstreckten, um mich mit hinunterzuziehen. Und mit jedem Päckchen war da auch Mutter, die wie ein Vogel über allem schwebte, von dort oben aus dirigierte, aber niemals zu mir herunterkam.

Obwohl schon bald vier Jahre vergangen waren, dehnte sich die Zeit. Immer noch gingen wir pflichtbewusst zur Schule, aber Frau Zacharias wurde und wurde nicht älter. Ich fragte mich, ob in ihrer Anwesenheit auch für uns die Zeit stillstand. Sie trug nach wie vor ihr Kittelähnliches Kleid, Charlie ihren schwarzen Anzug. Nur ich hatte immer etwas anderes an, worüber ich froh war, denn Großvater hatte mit der Zeit für Nachschub gesorgt, weswegen der gesamte Inhalt von Mutters Koffer irgendwann nicht mehr existierte. Großvater kaufte mir die verrücktesten Sachen. Am Anfang hatte ich oft gedacht: Oh Gott, der alte Mann hat keinen Geschmack. Aber immer brachte er mich dazu, es anzuprobieren, und jede noch so grelle Farbe, jedes noch so schräg geschnittene Teil gefiel mir, wenn ich damit vor dem Spiegel stand, so sehr, dass ich Großvater verpflichtete, jetzt immer für mich einkaufen zu gehen. Er hatte mir einen Stil verpasst, mit dem ich mich sehr wohl fühlte. Manchmal hatte ich das Gefühl, dass die leuchtenden T-Shirts, die ich trug, dafür sorgten, dass auch in mir drin das Licht anging.

In der Schule hatten Charlie und ich nur ein einziges Problem: Wir waren beide nicht an Mathematik interessiert und konnten uns deshalb nicht gegenseitig helfen. Vor jeder Klausur backte Großvater einen Kuchen und versuchte, uns die Formeln und Gleichungen zu erklären. Er verpackte sie in anschauliche Beispiele mit Äpfeln, Autos, Gitarren und Bäumen, aber es nutzte nur bedingt etwas, denn zurück in der Schule verstanden wir meistens schon allein die Aufgabenstellung nicht. Am Ende waren wir immer froh, wenn wir wenigstens mit einer Vier nach Hause kamen. Großvater lächelte milde und sagte, dass er das nächste Mal ein anderes Rezept ausprobieren werde.

So wie Großvater befürchtet hatte, war Rosa ein richtiges Kalb geworden, und obwohl sie ein paar Jahre älter war, verlor sie keinen Funken ihrer Energie. Sie liebte jede Jahreszeit und nach wie vor liebte sie es, Großvater im Weg rumzuliegen. Wenn wir spazieren gingen, klebte sie an meiner Ferse. Erst wenn ich ihr erlaubte zu spielen, rannte sie los, um mir die Stöckchen zu bringen, die ich so weit wie möglich in die Ferne warf.

Manchmal, wenn im Wald ein Geräusch zu hören war, stellte sie sich vor mich hin und spitzte die Ohren. Und in der Dunkelheit war sie doppelt so aufmerksam. Kam ihr etwas komisch vor, eine Tüte, die im Wind flog, eine Wurzel, die mitten auf dem Weg aus dem Boden ragte, bellte sie sicherheitshalber los. Ihr Organ machte auch Eindruck auf mich. So gut ich sie auch kannte, immer wieder erstaunte sie mich. Nie hatte ich Angst vor ihr gehabt, aber ich dachte, dass ich sicher welche hätte, wenn sie nicht zu mir gehören würde. Rosa sah zwar anders aus als der Hund, den ich mir ein paar Jahre zuvor gewünscht hatte, aber ich hatte immer das Gefühl, dass sie mich von allen am allerbesten verstand. Deswegen hätte sie auch ein Pferd mit einer hässlichen Nase oder ein missratenes Meerschwein ohne Fell sein können. Ich liebte sie so sehr, und egal, wo ich war, wusste ich, dass sie mich beschützen würde.

Ich war jetzt achtzehn Jahre alt. Mein Geburtstag lag eine Woche zurück. Wir hatten mit Großvater Bier getrunken, das erste Bier, das mir schmeckte. Wie immer hatte er mir mein Geschenk mit einem Schneemann präsentiert und sang mir den ganzen Tag Lieder vor, wobei wir ihn teilweise auf der Gitarre begleiteten. Ich liebte es, wenn Großvater sang, und vor allem liebte ich es, wenn er das für mich tat. Charlie hatte sich eine Krawatte umgebunden. Sie sah wunderschön aus und Großvater machte das erste Foto von uns, während wir uns küssten. Wir liefen den ganzen Nachmittag mit Rosa durch den Park. Ich spürte Charlies Hand genauso deutlich durch unsere dicken Handschuhe hindurch wie an dem Tag, an dem wir uns kennengelernt hatten. Ihre Hand gehörte zwangsläufig in meine Hand, etwas anderes war nicht vorstellbar.

Am Abend packte ich wieder Papas Geschenk aus. Dieses Mal hatte er eine rote Unterhose geschickt, auf der man die Spermaflecken noch deutlicher sehen konnte. Auch das Briefpapier, das er gewählt hatte, war rot. Rosa kümmerte sich wie immer um die Hose und am nächsten Morgen machten wir einen Spaziergang zum Lagerfeuerplatz. Rosa stand dicht hinter mir, während ich alles verbrannte und mir schwor, dass es damit jetzt genug war. Von diesem Tag an wollte ich keine weitere Zeile meines Vaters mehr lesen und Rosa nicht mehr mit der Vernichtung seiner Unterhosen beschäftigen. Ich hatte das Gefühl, dass sie mich verstand, als ich es laut aussprach.

Vor den Fenstern schmolz der Schnee. Hin und wieder krachte ein Batzen aus der Regenrinne herunter. Es tropfte unentwegt aufs Fensterbrett.

Als Großvater überlegte, was es zum Abendessen geben würde, klingelte das Telefon. Immer, wenn das Telefon klingelte, sahen wir uns fragend an, denn eigentlich klingelte es so gut wie nie. Der letzte Anruf, an den ich mich erinnern konnte, war der eines Elektrikers, der den Termin verschieben wollte, um sich unsere Sicherungen anzusehen, die immer herausflogen, wenn wir den Staubsauger benutzten, während die Waschmaschine lief.

Nachdem wir beide mit den Schultern gezuckt hatten, nahm Großvater den Hörer ab. Er raunte ein brüchiges „Hallo?" hinein und sagte dann lange nichts. Da wusste ich schon, dass es nichts Positives war, was er gerade erfuhr.

Irgendwann schaute er zu mir, während er gebannt zuhörte. Ich erwiderte den Blick, hielt seinem stand, um ihm zu verstehen zu geben, dass ich in der Lage war, seine Nachricht zu ertragen. „Okay, wir melden uns", sagte er und legte auf.

Wir melden uns. Ich hatte also richtig verstanden, es ging auch mich etwas an. Ich war jetzt achtzehn Jahre alt und konnte mitentscheiden, aber „Wir melden uns" bedeutete etwas anderes, so viel war klar.

Großvater stand immer noch vor dem Tisch mit dem Telefon und sah es an. Er wirkte in diesem Moment sehr groß, obwohl er den Kopf gesenkt hatte. Er schien nachzudenken. Ich hörte das Knistern in seinem Kopf.

Dann hörte ich seinen schweren Atem und wie er sagte: „Deine Mutter liegt im Sterben."

Zunächst spürte ich gar nichts. Ich saß auf einem Stuhl und spürte ihn nicht. Ich spürte nicht meine Pobacken, die den Stuhl berührten, ich spürte keine Träne, die mir die Wange hinunterrollte, weil da keine Träne war. Ich spürte Großvaters Hand nicht auf meiner, obwohl ich sie ganz deutlich sehen konnte. Ich spürte nicht mein Kneifen, mein Schlagen gegen seine Brust. Meinen Rachen, der sich abwechselnd öffnete und schloss.

Ich spürte es nicht. Es war zwecklos, ich konnte still sein, wie ich wollte, ich konnte toben, wie ich wollte, vollkommen ausrasten, den Kopf gegen die Wand hämmern, mit den Füßen auf den Boden stampfen, es half alles nichts. Ich war taub. Tatsächlich taub. Denn auch das, was Großvater sagte, hörte ich nicht. Ich sah, wie sich seine Lippen bewegten, wie sein Mund immer wieder auf mein Gesicht zukam, um mich zu küssen, aber ich spürte es einfach nicht. Ein riesiges Unwetter brach über mir auf, oder in mir, ich konnte mich nicht orientieren. Und irgendwann war ich ganz verschollen, versteckt hinter den Wänden meines Körpers.

Mitten in der Nacht wachte ich auf. Ich konnte mich nicht bewegen. Ich war gefangen. Ich schaute an mir herunter und erkannte Großvaters Arme. Seine rauen Hände hielten meine fest. Er lag hinter mir, seinen Körper an meinen gepresst, als wären wir Gestrandete, die soeben an Land gespült worden waren.

Es war schwer zu verstehen, dass ich nicht träumte. Das Licht brannte noch, das Zimmer sah aus wie ein Schlachtfeld. Überall lagen Bücher, Geschirr und Essensreste. Und Rosa, die ihren Atem direkt in meine Nase blies. Sie lag, alle viere von sich gestreckt, vor mir, mit zuckenden Lidern.

Die Gardinen waren nicht zugezogen. Vor dem Fenster stand die Nacht und presste ihr schwärzestes Schwarz gegen die Scheibe. Ich sah mir das alles eine Weile an, atmete tief ein und aus und irgendwann fragte ich Großvater, ob er wach sei. Er antwortete ganz ruhig, als sei es das Normalste der Welt, dass wir hier lagen, in diesem Chaos, auf dem Boden, während seine Hände mich wie Schraubstöcke umklammerten.

Bislang hatte ich kein einziges Mal über die Sterblichkeit meiner Eltern nachgedacht. Mir fiel nicht einmal ein, wann ich überhaupt zuletzt an sie gedacht hatte.

„Woran wird sie denn sterben?", fragte ich.

„An Krebs", antwortete Großvater.

Ich stellte mir ein riesiges Tier vor, das sich mit mächtigen Schaufeln Wege durch den Körper meiner Mutter bahnte, hier und da mal an einem Knochen nagte und mit Zangen eine Ader nach der andern durchschnitt. Ich stellte mir die Schmerzen vor, die das verursachen musste.

Mutter war wohl doch kein Vogel und wollte vielleicht auch nie einer sein, womöglich hatte ich sie ganz und gar missverstanden und in ihrem nach oben gerichteten Kopf ging etwas ganz anderes vor sich. Ich fragte mich, ob es möglich war, Mutters Kopf, bevor man sie beerdigen würde, einmal aufzumachen und einen Spezialisten da hineinsehen zu lassen, damit er mir erklären konnte, auf welche Weise er funktionierte.

Ich wollte nichts sehnlicher, als sie jetzt zu sehen. Gleichzeitig hatte ich das Unwetter jetzt in meinem Kopf und meine Knochen waren so schwer, dass ich mir nicht vorstellen konnte, sie jemals wieder bewegen zu können.

Ich kniff die Augen zusammen und versuchte, mir Mutter vorzustellen, mich an ihr Gesicht zu erinnern, das ich so selten gesehen hatte. Ich wollte es in mir aufrufen und festhalten können. Aber es gelang mir nicht. Nur Schlieren von hellen Farben zogen vor meinen Augen vorbei, nichts davon nahm eine Form oder gar Gestalt an.

„Hast du ein Foto von ihr?", fragte ich meinen Schraubstock, von dem ich mich eigentlich gar nicht lösen wollte. Aber als er aufstand, zog ich einfach Rosa zu mir heran und umklammerte sie.

Großvater goss Wodka in zwei kleine Gläser, setzte sich auf den Boden zu uns und legte wortlos ein Bild nach dem anderen vor mich hin. Auf keinem davon erkannte ich meine Mutter. Sie saß zwar eindeutig neben einem Mann, der nur Papa sein konnte, aber diese Frau hier hatte nur Mutters Augen, mehr jedoch nicht. Es fehlten ihr die roten Haare, das Fenster um ihr Gesicht herum, der starre Blick.

Die Frau auf den Fotos saß an einem Tisch, vor ihr ein Kuchen. Sie war jünger, als ich Mutter jemals gesehen hatte, und sie strahlte so sehr, wie es nur Menschen tun, die Geburtstag haben. Ich konnte nicht glauben, dass sie es war, die sich so über ihr eigenes Leben freute. Dieses Bild sorgte nur noch mehr dafür, dass mir meine echte Mutter fehlte. Ich packte die Fotos zurück in die Kiste, aus der sie gekommen waren. Eine Kiste wie die, in der Mutter bald liegen würde, und dann stürzte ich den Wodka mit einem Schluck herunter.

Wir sprachen nicht viel. Nur hin und wieder sagte Großvater, dass es ihm leidtäte.

Bald drückte sich der Morgen ins Zimmer, das trockene Licht vor dem Fenster schien sich der Stimmung hier drinnen anzupassen. Ich war mir sicher, dass sich der graue Schneematsch über Nacht verdreifacht hatte.

Großvater sagte, dass wir schlafen sollten und dann hinfahren würden, wenn ich das wollte. In diesem Moment wollte ich nicht. Ich wollte mich ganz still verhalten. Die grausame Nachricht im Hallraum stehen lassen, bis sie sich selbst verschluckte.

Ich wollte Mutter sehen, aber nicht ihren Krebs. Ich hatte Angst, dass er sich so sehr über sie hergemacht hatte, dass von ihr gar nichts mehr übrig war.

Ich konnte mir nicht erklären, warum sie nicht dafür gesorgt hatte, dass ich sie noch einmal in gesundem Zustand zu sehen bekommen hatte. Ich dachte an Papas Päckchen. Daran, dass sie mir nie eins geschickt hatte, daran, dass er mir immer nur seine verkeimten Unterhosen und nie die viel wichtigere Nachricht hatte zukommen lassen. Und selbst wenn es nur ein PS gewesen wäre. „PS: Deiner Mutter geht es nicht gut.“

Ich legte mich ins Bett und fragte mich, warum der Punkt, auf den ich sah, nicht glatter wurde oder weißer. Ich fragte mich, wieso Großvater nicht starb, Mutter aber schon. Würde ich auch vor Großvater sterben oder Charlie vor mir? Ich verstand diese Regelungen nicht. Wer hielt denn da den Joystick in der Hand und spielte dieses Spiel mit uns? Ich wollte keine Figur auf einem Spielfeld sein. Ich wollte nicht, dass jemand darüber entscheiden konnte, wann wir wohin zu gehen hatten. Aber je länger ich darüber nachdachte, umso klarer wurde mir, dass Mutter das sicher auch nicht wollte und nun aber die Einzige war, die ebendiesem Spiel bald nicht mehr ausgeliefert war.

Meine Lider wurden schwerer und schwerer. Bis mich endlich ein Magnet von hinten packte und nach unten zog.

Ich träumte von einem Vogel mit roten Haaren, roten Nägeln, rotem Lippenstift. Ich träumte davon, wie er durch einen Himmel flog, der sehr bewölkt war, und die Wolken hatten die Form von Penissen. Da war eine Leiter, die hinauf und hinab ging, und ich konnte mich nicht entscheiden, wovon mir schwindeliger wurde – hinaufzusehen, zu den Peniswolken, oder hinabzusehen, in die unendliche Tiefe, in der ich nichts erkennen konnte, nicht einmal eine Farbe.

Plötzlich lag Charlie neben mir. Sie hielt meine Hand und es war, als befänden wir uns auf einem Floß, das mit der Strömung eines sehr ruhigen Flusses hinuntertrieb. Keine Ahnung, wie viele Kilometer weit wir uns tragen ließen, aber als wir angekommen waren, spielte Charlie Gitarre und sang, als hätte sie gerade einen Gesangskurs bei den Engeln im Himmel genommen. Ihre Stimme klang ganz anders, als wenn sie sprach. Ganz hoch, ganz zart, ganz weich, ganz leise. Ich setzte mich hin und sah sie an. Ich berührte ihre Wangen.

Auf keinen Fall durfte Charlie sterben. Auf keinen Fall durfte sie jemals aufhören, so schön zu sein.

Sie legte die Gitarre weg, zog mich ins Badezimmer, setzte sich mit mir in die Wanne und drehte den Hahn auf. Der Schaum stieg höher und höher um uns herum. Charlies Haare hatten jetzt weiße Spitzen. Sie nahm meine Füße in die Hände und strich so lange an meinen Beinen entlang, bis ich spürte, dass es mich noch gab.

Es war Tag und Nacht zugleich.

„Ich möchte, dass du ganz stark bleibst", sagte Charlie, „so wie du es immer bist. Und ich möchte, dass du jetzt nur an dich und deine Familie denkst."

„Aber *du* bist doch meine Familie", antwortete ich.

Sie zog mein Gesicht zu sich heran, hielt meine Wangen in ihren Händen, schloss die Augen und drückte lange ihre Lippen auf meine.

Als sie die Augen wieder öffnete und einen Zentimeter Platz zwischen unseren Gesichtern schuf, sagte sie: „Ich will nur, dass du weißt, dass ich hier bin, ganz egal, was da draußen passiert. Bitte ruf mich nicht an. Komm einfach bald wieder."

Ich konnte mich nicht daran erinnern, jemals mit Charlie telefoniert zu haben. Sie war ja immer da. Ich kannte nicht einmal ihre Telefonnummer. Schon allein deshalb wäre eine Widerrede sinnvoll gewesen. Aber ich war so furchtbar müde.

Wir legten uns zurück auf die Matratze, unsere Arme und Beine ineinander verkeilt.

Als ich aufwachte, war ich wie immer allein.

Großvater hatte schon alles gepackt. Ich setzte mich neben ihn ins Auto. Rosa hatte es sich auf der Rückbank gemütlich gemacht. Aber als ich einstieg, winselte sie und hechelte mir in den Nacken.

Während meiner Abwesenheit hatte sich der Schneematsch in Luft aufgelöst. Es war lang noch nicht Frühling, aber immerhin erinnerte das Wetter nicht mehr ans Sterben.

Ich konnte nicht sagen, ob Großvater sich am Lenkrad festhielt oder das Lenkrad sich an ihm. Ich fragte ihn, ob es ihm lieber wäre, wenn ich einen Führerschein hätte, und er nickte.

„Willst du mir zeigen, wie es geht, damit du nicht die ganze Strecke allein fahren musst?" Er nickte erneut. Vielleicht hatte ihn Mutters Sterblichkeit an seine eigene erinnert. Er wirkte sehr ängstlich.

Er fuhr von der Straße runter. Das Auto holperte eine Weile über einen Waldweg, bis wir an einem großen Platz herauskamen, wo er den Wagen zum Stehen brachte und ausstieg. Wir wechselten die Plätze, und innerhalb von zwei Stunden, die alles von einem absaufenden Motor bis hin zu einem aufheulenden Motor enthielten, beschloss er, dass ich nun bereit sei, das Auto zu fahren.

„Die Bedeutung der Schilder bringe ich dir während der Fahrt bei", sagte er. „Ich finde es besser, wenn du unsicher bist, denn du bist jünger und wacher und kannst dementsprechend schneller reagieren. Und den Führerschein machst du dann einfach, wenn wir zurück sind. Dann kannst du eigentlich direkt zur Prüfung gehen, denn viel mehr als das, was du jetzt machst, lernst du während der Fahrstunden auch nicht."

Auf dem Waldweg zurück zur Straße erklärte er mir, wo sich Blinker, Scheibenwischer, Warnleuchte und Nebelleuchte befanden und dass ich keine Angst vorm Schnellfahren haben dürfe, denn nur dafür seien Autos ja da. Ich solle mir mal vorstellen, wie enttäuscht die ganzen Straßenbauer wären, wenn ich keine ihrer tollen Straßen benutzen würde. Dass Landstraßen viel anstrengender zum Fahren seien und wir deshalb auf jeden Fall die Autobahn benutzen würden. Ich solle ihm nur vertrauen, er täte es andersherum ja auch.

Als ich in den Rückspiegel sah, bemerkte ich, dass auch Rosa den Platz gewechselt hatte. Jetzt saß sie wieder hinter mir, wie mein Schutzschild, wie mein Schatten. Gerade als ich dachte, dass ich sie jetzt gern streicheln würde, leckte sie sich die Schnauze. Dann legte sie sich hin und gab mir das Gefühl, dass ich alles richtig machte. Nichts ruckelte mehr, Großvater griff mir nicht mehr ins Lenkrad, hörte auf, mir Dinge zu erklären.

Jetzt, wo ich hinter dem Lenkrad saß, hatte ich das Gefühl, das Beste in diesem Leben stünde mir noch bevor.

Als wir auf der Autobahn waren und ich mich bei hundertdreißig festgefahren hatte, so wie Großvater es mir riet, begann er mir von den letzten Jahren mit Großmutter zu erzählen.

„Weißt du", sagte er, „wenn man sich sehr liebt, ist der Tod eigentlich immer präsent, weil man nicht möchte, dass dem Menschen, den man in den Armen hält, irgendetwas Schlimmes passiert. Aber Großmutter ging es so schlecht, dass sie mich darum anflehte, sterben zu dürfen. Also habe ich mir doch etwas Schlimmes für sie gewünscht, nämlich ihren Tod, weil ich gemerkt habe, dass es verschiedene Abstufungen von *schlimm* gibt."

Er erzählte immer weiter von früher. Davon, wie sie sich kennengelernt hatten, von ihrer Hochzeit und der Geburt ihres Sohnes. Obwohl Großvater es geschafft hatte, dass ich eine ganz andere Großmutter vor mir sah als die, die ich kannte, und endlich verstand, warum er all die Jahre mit ihr zusammen war, schaffte er es nicht, dass ich mir Papa als Kind vorstellen konnte. Ich sah nicht vor mir, wie sie sich über das kleine Baby freuten, es wickelten und mit ihm spazieren gingen.

Papa war einfach Papa. So wie ich ihn zuletzt im Rückspiegel gesehen hatte. Ein ausgewachsener Mann mit Bart und Geräuschen, die kein Kind machen würde.

Ich fragte Großvater, mit welcher Begründung meine Eltern mich damals zu ihm gebracht hatten. „Sie meinten, du wärst schwer erziehbar und würdest ihnen über den Kopf wachsen."

Ich musste lachen, obwohl ich es nicht lustig fand. Es tat weh, was Großvater da sagte, aber jetzt ergab sich endlich ein Bild, wenn auch das falsche.

Ich wollte es geraderücken, in einen anderen Rahmen stecken, aber war jetzt der Moment, in dem ich Großvater davon erzählen konnte? Ausgerechnet jetzt, wo ich mich Mutter so nah fühlte wie nie zuvor?

Ich spürte, dass ich am weitesten von ihr entfernt war, als wir zusammen im Hochhaus gelebt hatten. Dass ich sie zwar noch immer nicht verstand, aber jetzt, wo sie sterben würde, erschien sie mir zum ersten Mal lebendig. Sie war auch ein Mensch oder immerhin ein menschliches Wesen, das krank werden und sogar daran zugrunde gehen konnte.

Die Autobahn war beinahe leer. Ein paar matschige Schneereste säumten den Straßenrand. Die Sonne sah aus, als würde sie Pfeile in die Felder stecken, die wie riesige graue Decken neben der Straße lagen. Kaum vorstellbar, dass dort in ein paar Monaten wieder Mais oder Raps oder Roggen sprießen würde. Meine Brust fühlte sich auch an, als würde ein Pfeil darin stecken, ein Mutterpfeil.

In Großvater steckten keine Pfeile, sondern Fragen.

„Was war denn der Grund dafür, dass sie dich zu mir gebracht haben?"

Es war also doch der Moment. Jetzt sollte ich die Jahre, die wie ein zusammengeschnürtes Päckchen in meiner Brust steckten, einmal herausholen, öffnen und den Inhalt jedes einzelnen ausschütten. Genauso fühlte es sich an. Ein stechender Schmerz zog quer durch meinen Oberkörper. Ich spürte Tränen in mir aufsteigen.

Bevor sie mir die Sicht versperren würden, nahm ich die Ausfahrt, die ein paar Meter weiter vor uns angezeigt wurde.

Großvater sagte: „Erst bremsen, wenn du auf der Spur bist, dann aber richtig rein in die Eisen, aber mit Gefühl!"

Jetzt erst merkte ich, was hundertdreißig Stundenkilometer bedeuteten. Mir wurde ganz schwindelig, als ich merkte, dass wir nicht geschwebt waren, dass wir selbst jetzt noch, während ich auf der Bremse stand, jemanden zermatschen könnten, wenn er plötzlich vor uns stünde.

Ich fuhr auf eines der gekennzeichneten Felder. „Erster Gang, Handbremse, Motor aus", sagte Großvater.

Ich sah in den Rückspiegel. Rosa blieb liegen. Im Hintergrund rauschte die Autobahn. In mir rauschte die Erinnerung.

Obwohl ich die Tränen jetzt nicht mehr zurückhalten konnte, kamen mir die Worte mit überraschender Klarheit über die Lippen. Ich erzählte Großvater alles, woran ich mich erinnern konnte, holte jedes einzelne Päckchen raus aus meiner Brust und spürte, wie der Schmerz aus meinem Oberkörper nach unten wanderte, direkt in meine Möse hinein, dann die Beine hinab, in jeden einzelnen Zeh, bis er schließlich meinen Körper verließ.

Ich erzählte ihm von Papas Päckchen. Ich erzählte ihm, was Rosa und ich damit gemacht hatten. Ich erzählte ihm sogar, was in Papas Briefen stand, bevor ich sie verbrannt hatte.

Er wischte sich die Hände mehrmals an der Hose ab. Dann ballte er eine Hand zur Faust und drückte die andere Hand dagegen, bis alle seine Knöchel knackten. Ich spürte, dass er wahnsinnig wütend war. Aber er schwieg. Wahrscheinlich würde er mich gleich ohrfeigen, dachte ich.

Ich hörte dabei zu, wie immer wieder seine rauen Hände über den Stoff seiner Hose strichen. Es klang so ähnlich wie das Rauschen der Autos hinter uns.

Dann holte er Luft, als würde er die Worte, die er jetzt sagen wollte, anschubsen, damit sie in angemessenem Tempo seinen Mund verließen. Er sagte: „Ich wollte doch alles besser machen. Das ist mir wohl schon wieder nicht gelungen. Ich verstehe nicht, warum ich nie darauf gekommen bin, dich zu fragen, was in den Päckchen ist. Ich hab sie dir immer nach oben gebracht und dachte, du freust dich über das, was drin ist. Was für eine Scheiße, was für eine riesige, verdammte Scheiße das ist!"

Neben uns parkte ein Wagen. Es öffnete sich die Beifahrertür. Die alte Frau, die dahinter saß, stellte ein Paar Schuhe auf den Beton. Dann schob sie die Füße aus den Pantoffeln, in denen sie steckten, schwang die Beine nach draußen und schlüpfte in die Schuhe, die sie dorthin gestellt hatte. Jetzt erst sah ich, dass im Wagen drin, anstelle einer Fußmatte, ein kleiner, roter persischer Teppich lag. Es sah aus, als würde die Frau gerade aus ihrer Wohnung kommen und ihren Tag auf diesem Parkplatz beginnen.

Peripher sah ich, wie Großvater sich mit den Händen durchs Gesicht wischte. „Das ist nicht mein Sohn", sagte er. „Ich war mit Sicherheit nicht immer ein guter Vater und bekomme deshalb vielleicht hiermit die Rechnung dafür, aber genauso, wie er deshalb sagen kann, dass er so einen Vater nicht will, sage ich jetzt, dass ich so einen Sohn nicht will."

Das Gewicht unserer Gedanken drückte den Wagen nach unten. Obwohl wir froren, öffneten wir die Fenster. Der Wind hätte nicht stark genug sein können. Er sollte mich neu sortieren. Mir war danach, das Dach abzureißen, mich dem Wind mit aller Kraft entgegenzustellen und ihn gleichzeitig gewähren zu lassen, in meinen Kopf einzudringen, ihn leer zu pusten, ihn wegzupusten, die

Dinge aus meinem Körper hinauszufegen, mit denen ich nichts mehr zu tun haben wollte: meine Vergangenheit, meine Erinnerungen. Sie waren der Schnee, der schmolz. Der dreckige Matsch, über den wir schon gefahren waren und weiterfahren würden, so lange, bis nichts mehr von ihm übrig war.

Die alte Frau kam zurück aus dem Toilettenhäuschen. Sie öffnete die Tür, setzte sich auf den Autositz und vollzog ihre Schuhprozedur jetzt umgedreht. Sie streifte die Straßenschuhe von den Füßen, schwang die Beine ins Auto, schlüpfte in die Pantoffeln, die auf dem Teppich standen, bückte sich, hob die Schuhe ins Auto hinein und zog die Tür zu.

Auf so viele verschiedene Arten kann man sein Leben verbringen, dachte ich. Man kann sein Wohnzimmer mit ins Auto nehmen, seine Pantoffeln, seine Kuckucksuhr. Aber sein Innenleben, das kommt immer mit, egal, wohin man fährt, und egal, wie schnell man fährt. Das Innenleben kriegt man nicht abgestreift wie ein paar Schuhe.

„Weißt du", sagte ich, „ich bin noch auf der Suche nach einem Weg, auf den ich passe. Ich hab zwar jetzt dich und Charlie und Rosa, aber manchmal kann ich nicht glauben, dass das Leben so schön sein kann, wenn es doch so hässlich begonnen hat. Aber mir geht es so viel besser, seitdem ich bei dir bin."

Er nahm meine Hand, als würde sie nichts wiegen. Sie fühlte sich auch für mich fast schwerelos an. Er umschloss sie mit seinen Händen und sagte: „Es tut mir unendlich leid, mein Schatz, es tut mir so leid. Ich hoffe, du kannst mir verzeihen, dass ich nicht gut genug auf dich aufgepasst habe."

Ich wusste nicht, ob er recht damit hatte. Noch nie hatte ich mich so beschützt gefühlt wie bei ihm. Ich wusste nicht, was ich sagen sollte, also übernahm mein Herz diese Aufgabe. Es sagte: „Ich liebe dich, Großvater."

Wir schlossen die Fenster, weil wir jetzt froren. Die Wahrheit war zugig und kalt. Ich startete den Motor und drehte die Heizung auf. Es war alles gesagt und durch die Fenster nach draußen geweht. Worauf noch warten? Ich wollte in die entgegengesetzte Richtung fahren, der Wahrheit den Rücken zukehren. Ich war Sascha, achtzehn Jahre alt, und hatte das Geheimnis entpackt und aus meinen Händen gegeben. Ich hatte von der hässlichen Vergangenheit erzählt, in die wir jetzt zwar fuhren, aber aus der ich lang schon entwachsen war. Sie war wie eine alte Geschichte, wie ein Buch, das man auf-, aber zum Glück auch wieder zuklappen konnte.

Wir hatten noch hundertfünfzig Kilometer vor uns. Die Heizung blies mir warme Luft ins Gesicht.

Großvater schaltete das Radio ein. „Die besten Hits der Siebziger, Achtziger und von heute." Wir sangen sie alle mit. Großvaters Stimme war lauter als die aus dem Radio. Ich hätte es ausschalten können, aber dann wäre es nur halb so lustig gewesen. Hätte Rosa auch noch mitgemacht, wäre das Auto unter unserer Stimmgewalt sicher zusammengebrochen.

Ich wurde immer größer hinter dem Steuer. Je länger wir fuhren, desto weniger Angst hatte ich davor, Papa wiederzusehen.

Ich fuhr auf dieser Autobahn, als hätte ich achtzehn Jahre lang nichts anderes gemacht, und war mir ganz sicher – hier und jetzt könnte uns nie etwas passieren.

Als wir in die Stadt hineinfuhren, kam mir alles ganz anders vor. Natürlich erkannte ich die dicke Brücke, die über den Fluss führte. Aber alles, was folgte, die hellen Straßen, die vielen Menschen, die ganzen Läden, das war mir neu. Ich dachte, jemand hätte noch einen anderen Ort in diese Stadt hineingesteckt.

Auf dem Weg zum Hochhaus fragte ich mich, ob ich es überhaupt noch erkennen würde, denn die meisten, an denen wir vorüberfuhren, waren neon-gelb gestrichen, so als würde das etwas an ihrer aufdringlichen Hässlichkeit ändern.

Wir fuhren unter den Strommasten hindurch. Aber ich sah nicht nach links, auf die Wiese, wo vielleicht noch unsere Bude stand, in der Tim mir seinen Pimmel überlassen hatte. Ganz wie Großvater befohlen hatte, starrte ich geradeaus und lenkte den Wagen die immer grauer werdenden Straßen entlang. Die hintersten Winkel des Neubaugebiets waren von der Sanierung verschont geblieben. Ich fragte mich, ob meine Eltern zumindest innen neu gestrichen hatten, um mich gänzlich hinauszufegen, um alles, was an mich erinnerte und nach mir roch, zu übertünchen. Was aus meinem Zimmer geworden war, fragte ich mich. Ob es noch immer so aussah wie damals, und wenn ja, ob da nicht noch ein benutzter Schlüpfer unter meiner Bettdecke lag, den Papa sich hätte nehmen können.

Ich lenkte den Wagen in eine Parklücke, in die ich nur einbiegen musste. Zwar hatte Großvater mir auch das Rückwärtsfahren gezeigt, aber nicht, während ein Auto hinter uns stand und darauf wartete, weiterfahren zu können.

Als ich ausstieg, hoffte ich, Papa würde gerade hinter der Gardine stehen und sehen, dass ich es war, die am Lenkrad gesessen hatte. Dass ich es war, die jetzt Rosa aus dem Auto holte. Rosa, die er genauso wenig kannte wie alles andere, was mit mir zu tun hatte.

Ich schloss die Tür ab und steckte den Schlüssel in die Hosentasche, als wäre er mein Eigentum. In diesem Moment, den Schlüssel in der Tasche, Rosa wie immer direkt hinter mir, spürte ich, dass ich jemand ganz Neues war. Mein alter Name konnte hier in den Straßen kleben, wie er wollte, der neue hatte mir einen anderen Kern gegeben, ein stärkeres Herz. Eines, das nicht mehr schwieg, und eines, das nicht mehr zusammengedrückt wurde, von Papas Brust, die auf mir gelegen hatte wie eine Million Steine, während er von Liebe sprach. Ich war jetzt die, die bei dem Wort Liebe an Charlie dachte.

Ich sah nicht hoch zum Fenster im zehnten Stock. Es reichte mir aus, das Gefühl zu haben, dass er mich sehen konnte, und wenn er es nicht tat, war es auch egal.

Wir gingen an den Büschen entlang, die Straße rauf und runter, damit Rosa ihren Bedürfnissen nachgehen konnte. Dann stiegen wir die Stufen hinauf zu den einhundert Postkästen und einhundert Klingelknöpfen und ich drückte auf den einen bestimmten, der wirkte, als würde er von allen am weitesten herausragen und den anderen angepasst werden müssen.

Die Tür öffnete sich. Wir stiegen in den Fahrstuhl und Rosa war sichtlich irritiert. Ihr Schwanz bewegte sich zuckend und unkoordiniert, weil sie den Boden unter den Füßen verlor. Das Haus roch genauso wie früher. Die Geräusche des Fahrstuhls, das Schließen der Tür, das Ruckeln, wenn er in der Zieletage ankam, das kurze Zögern, weil man nicht sicher war, ob man stecken geblieben oder angekommen war. Alles war gleich, nur ich nicht.

Wir blieben nicht stecken. Die Tür öffnete sich im zehnten Stock und wir stiegen aus. Rosa drängelte sich durch unsere Beine hindurch.

Auch hier sah alles wie damals aus. Nur dass Familie Scheffer einen neuen Fußabtreter hatte, auf dem stand: WELCOME. Auf dem Fußabtreter meiner Eltern stand jetzt Rosa und sah dabei zu, wie ich auf den Klingelknopf drückte.

Eine Weile war es still, als würde man uns gar nicht erwarten, aber dann hörte ich, wie die Kette gelöst und der Schlüssel im Schloss gedreht wurde. Die Tür öffnete sich.

Ich habe ihn nur ganz kurz gesehen. Direkt in die Augen haben wir uns geschaut, bevor ein riesiger Schatten an meinem Kopf vorüberflog und mich dabei zu Boden riss. Ich hörte Geräusche, die mich an einen Film erinnerten, aber ich kam nicht drauf, an welchen. Dann hörte ich Großvater schreien: „Rosa, Rosa!" Ich drehte mich um, auch er lag auf dem Boden. Ich stützte mich auf die Ellbogen und setzte mich auf. Ich sah hinter der Türschwelle zwei Füße liegen, und ich sah Rosa, die auf dem Körper stand, der zu diesen Füßen gehörte. In ihrem Maul befand sich der Hals meines Vaters.

Ich drehte mich sofort wieder um, in die andere Richtung, ich robbte weg von dem Bild, das sicher nur eines war und gleich wieder verschwinden würde, wenn ich nur lang genug nicht hinsehen würde. Ich presste die Hände auf die Ohren, auf die Augen, immer wieder hin und her, drückte meinen Kopf gegen das kalte Geländer und wartete darauf, dass ich es hörte, wenn meine Kotze im Keller aufkam. Immer wieder sah ich den Strahlen nach, die aus mir herausbrachen, und ich konzentrierte mich, so gut es ging, auf ihre Farben, ihre Geschwindigkeit und eben das Geräusch, das sie bei einem Aufprall doch erzeugen mussten. Wenigstens ein Platschen musste doch zu hören sein. Aber gerade als ich das dachte, überkam mich schon der nächste Reiz, ich riss den Mund auf, wie eine Muräne, und ließ es raus. Ich dachte, wenn ich so verharrte, bliebe von mir nicht mehr viel übrig. Ich nahm alle Kraft zusammen, spannte jeden einzelnen Muskel an und drehte mich wieder um, zu dem Bild, das festgefroren schien.

Großvater hatte es zwar geschafft, wieder aufzustehen, aber seine Beine wirkten, als wären sie im Gehen am Boden festgeklebt. Er hielt sich die Hände vors Gesicht.

Rosas Fell war elektrisiert. Ihr ganzer Körper war starr, nur der Kopf bewegte sich rauf und runter, hin und her, und dabei machte sie Geräusche, die so klangen, als hätte nicht sie jemandem wehgetan, sondern als wäre sie selbst schwer verletzt worden.

Jetzt konnte ich den Blick nicht mehr abwenden. Ich starrte auf dieses Bild, zu dem ich zwar dazugehörte, mich aber so fühlte, als ob ich dafür verantwortlich war, als ob ich die Künstlerin des Gemäldes war, an dem sie lange gefeilt hatte. Die Figuren darin wurden mir immer fremder. Ich stand in einem Museum und schaute auf ein Bild, das eingerahmt hinter einer Absperrung hing. Ein schwarzer Hund auf einem liegenden schwarzen Menschen, zwei schwarze Beobachter und dazwischen ganz viel Rot.

„Ist der tot?", flüsterte ich. Oder irgendjemand, der da in mir war.

Der stehende schwarze Beobachter rutschte an der Wand herunter und der schwarze Hund verließ das Bild. Ich sah ihm hinterher. Mit eingezogenem Schwanz, aber einer noch immer riesigen Borste schlich er in den hintersten Winkel des Ganges, legte sich an die Wand und fing an, sich zu lecken. Erst die Schnauze, dann die Pfoten, dann mit den Pfoten die Schnauze und immer so fort. Ich kniff die Augen zusammen, aber es half nichts. Wieder erbrach ich mich in Richtung Kellergeschoss. Es sprudelte aus mir heraus, ich dachte, mein Kehlkopf flöge hinterher, mein gesamter Halsinhalt. Ich hustete, röchelte, spuckte.

Als ich mich wieder umdrehte, hatte Großvater seine Rolle gewechselt. Er war jetzt der Museumswärter, der die Ausstellung beendete, indem er die Wohnungstür schloss. Es war also wirklich nur ein Bild gewesen. Jetzt sah es so aus, als wären wir noch gar nicht da, als hätten wir noch nicht geklingelt. Die Tür war verschlossen. Großvater schob, beinahe perfektionistisch, die Fußmatte gerade. Nur noch wir selbst störten im Bild. Das schien auch Großvater zu bemerken. Er packte mich und rannte los. Seine Hand hatte meine so fest im Griff, dass ich keine andere Wahl hatte, als meine Füße genauso schnell zu bewegen, wie er es mit seinen tat. Unsere Schritte klatschten von Stufe zu Stufe. Wir drehten uns ewig im Kreis, und der Kreis drehte sich ewig um uns, bis wir plötzlich draußen standen, nebeneinander, aneinander, seine Hand noch immer mit voller Wucht um meine geschlungen. Das tat gut. Das schmerzte so stark, dass ich dachte, sie würde nicht mehr funktionieren, so wie sie es einmal getan hatte, aber es fühlte sich gut an, so gut. Sie war genau in der richtigen Position. Eingequetscht, gepresst, zertrümmert, ich hoffte sehr, dass dieser Schmerz nicht nachlassen würde. Es war immer noch kalt. Es war immer noch Tag. Der gleiche Tag wie gerade eben. Nur ein paar Minuten waren vergangen und das Hochhaus stand reglos da wie immer.

Aus purem Reflex heraus schaute ich hinter mich und erschrak schon, während ich es tat, darüber, *dass* ich es tat. Wollte ich wirklich wissen, ob Rosa uns gefolgt war?

Ich hatte keine Zeit, darüber nachzudenken, denn in dem Moment hatte mein Blick sie längst gestreift. Wie eh und je stand sie an meiner Ferse. Was sollte sie auch sonst tun? Schatten lassen sich nicht einfach abschneiden.

Sie hatte nichts mehr von der Kreatur an sich, die ich auf dem Bild im zehnten Stock gesehen hatte. Ihr Fell lag an ihrem Körper an und glänzte genauso wie ihre Augen. Sie sah zu mir auf. Ich sah zu ihr hinunter. Unsere Blicke waren ineinander verkeilt. Ich hätte nur die Finger strecken müssen, dann hätte ich sie berühren können, so wie ich es immer getan hatte, und dann hätte sie ihre Schnauze in meine Hand gesteckt und mit dem Schwanz gewedelt, weil es eben das war, was sie immer machte, um mir ihre Liebe zu zeigen, die jetzt vielleicht sogar noch größer war als jemals zuvor.

Meine beiden Beine steckten so fest im Boden, dass ich dachte, nie wieder würde ich mich hier wegbewegen. Jemand müsste mich aus dem Beton herausbrechen. Ich war selbst zu Beton erstarrt. Ich war eine Statue vor meinem Elternhaus.

Während ich dastand und dachte, ich stünde dort bis an mein Lebensende, bewegte sich die Luft. Der Hall, der Krach in meinem Kopf klang plötzlich ganz dumpf, und ich sah die Dinge sich bewegen. Großvaters linke Hand hielt zitternd das Lenkrad fest, seine rechte Hand den Schalthebel.

In mir drin bewegte sich das Wort TOT. Es flimmerte hinter meinen Lidern, wie ein weißer Punkt, nachdem man zu lange in die Sonne gesehen hat. Egal, ob ich die Augen schloss, nach rechts oder nach links sah, den Kopf schüttelte oder heftig von oben nach unten bewegte, dieses Wort ließ sich nicht verdrängen. TOT, TOT, TOT, alles, was ich sah, war TOT. Ich sah den Hals meines Vaters und darunter das Wort TOT. Ich sah die Füße meines Vaters und darüber das Wort TOT. Auf der Fensterscheibe stand TOT, auf allen Häusern stand TOT. Und dann hörte ich Großvaters Stimme, die sagte: „Ja, er ist tot."

Bald sah ich keine Häuser mehr. Das Licht hatte sich verändert, es dämmerte. Überall standen Bäume. Großvater fuhr im Slalom zwischen Schlaglöchern hindurch. Irgendwann standen wir vor einem See. Großvater zog die Handbremse an und stieg aus. Dann öffnete er die hintere Tür und pfiff. Rosa erhob sich langsam, als wäre sie fünfzehn Jahre alt. Aber sie gehorchte und sprang nach draußen. Nachdem Großvater die Tür geschlossen hatte, blieb die kalte Luft im Auto stehen, wie ein riesiger Eiswürfel.

Ich sah Großvater nach etwas suchen. Er lief gebückt in Richtung Wasser. Rosa lief ans Ufer und fing an zu trinken. Als Großvater gefunden hatte, was er suchte, rannte sie ihm entgegen und bellte. Er hob es hoch und nun konnte ich es sehen. Es war ein viel zu großer Stock, vielleicht auch ein Ast. Er schwenkte ihn zur Seite und warf ihn nach vorn. Rosa rannte hinterher, aber als sie sah, wo Großvater ihn hingeworfen hatte, stemmte sie die Pfoten in den Boden und bremste vorne am Ufer ab. Auch wenn das Wasser nicht gefroren war, wusste sie, wie kalt es war, weil sie es gerade getrunken hatte.

„Los, hol den Stock", hörte ich Großvater rufen und wild mit der Hand herumfuchteln. Aber Rosa schaute nur abwechselnd auf ihn und den Stock, der reglos im Wasser lag.

Jetzt ging Großvater zu Rosa hin und hob sie auf seine Arme. Man konnte sehen, wie schwer sie war, denn sie ließ sich nicht so leicht zur Seite schwingen wie zuvor der Stock. Aber Großvater drehte sich und holte, soweit es eben ging, Schwung, dann warf er den großen Hund ins Wasser hinein. Ich hörte es plumpsen. Kurz darauf sah ich Rosa wieder auftauchen. Sie wollte direkt zurückkommen, aber Großvater bestand weiter darauf, dass sie ihm den Ast zurückbrachte. Sie paddelte eine Weile unsicher im Kreis. Sie wusste wohl, dass er sie wieder hineinwerfen würde, wenn sie ohne Beute zurückkäme, also drehte sie sich um und schwamm auf den Stock zu. Sie tat, was sie tun musste.

Aber als sie wieder an Land war, schmiss Großvater den Stock erneut ins Wasser, und das machte er wieder und wieder, so lange, bis in Rosas Fell nichts mehr von Papa klebte.

Es dauerte lange, bis sie genug geschwommen war, bis sie endlich draußen bleiben durfte. Ich stieg aus und holte aus meinem Koffer ein Handtuch, das ich auf Rosa legte. Sie winselte und drückte sich gegen mein Bein. Ich kannte sie genau, ich wusste, was sie wollte, aber mehr konnte ich nicht für sie tun. Ich konnte nur dastehen und warten, bis aus der Betonfigur, die ich immer noch war, ein bewegliches Wesen wurde. Und bis ich wusste, was ich fühlen sollte, wenn ich Rosa ansah.

Mir war kalt. Ich hätte, so wie ich dastand, einschlafen können. Mein gesamter Körper war so schwer wie das Hochhaus, meine Lider fielen immer wieder nach unten.

Ich wollte nach Hause. Ich wollte zu Charlie. Ich wollte hier weg und mich nie mehr erinnern an das, was gewesen war.

Ich sah Großvater seine Jacke ausziehen und auf die Wiese werfen. Dann öffnete er wieder die hintere Tür des Autos und riss Rosas Decke von der Rückbank. Ich stieg zurück in den Wagen und sah ihm von drinnen dabei zu, wie er beides verbrannte.

Die Frontscheibe hätte auch ein Fernseher sein können, in dem gerade ein Krimi lief. Einer der Krimis, die Großvater und ich eigentlich immer zusammen angeschaut hatten. Aber Großvater war jetzt von der Zuschauer- in die Darstellerrolle gewechselt.

Erst, als das Feuer erloschen war und Rosa und Großvater wieder im Auto saßen, verstand ich, dass wir alle Teil dieses Krimis waren. Wir saßen in unserem Fluchtfahrzeug, auf der Rückbank Papas Mörder.

Lange saßen wir da, bei laufendem Motor. Das Auto roch nach nassem Hund. Großvaters Hände hatten aufgehört zu zittern, ich stemmte immer wieder meine müden Lider nach oben und sah auf das Spiegelbild des Mondes auf der Wasseroberfläche.

Wir hatten keine Worte, es gab nichts zu sagen, außer dass das Bild des Mondes im See eigentlich nicht uns gehörte.

Irgendwann löste Großvater die Handbremse. Er legte den Rückwärtsgang ein. Ich versuchte zum letzten Mal, die Augen offen zu halten.

Als Großvater vor mir mit einem Schlüssel klapperte, bemerkte ich, dass es mir nicht gelungen war.

Jetzt strahlte etwas heller als der Mond. Ich sah an Großvaters Gesicht vorbei und konnte ein Leuchtschild erkennen und darauf das Wort HOTEL.

Ich schob meinen Körper nach draußen. Auch der Boden leuchtete. Er war ganz und gar von Schnee bedeckt. Ich setzte die erste Spur in die Fläche. Und dann setzte ich meine Schritte in die Gänge des Hotels, über die meterlangen Teppiche, die jeden meiner Schritte dämpften. Nicht einmal den Koffer, den Großvater hinter sich herzog, konnte ich hören.

Im Zimmer roch es nach Duftstäbchen und gebügelter Wäsche. Ich ging ins Bad und zog mich aus. Das Wasser brauchte lange, um richtig heiß zu werden. Aber als es endlich so weit war, ließ ich es mit dem härtesten Strahl auf mich herunterpeitschen und verteilte wieder und wieder den Inhalt des Seifenspenders auf meinem Körper.

Ich legte mich im Bademantel ins Bett. Er war so weiß und frei von einer Geschichte, ich wollte ihn nie wieder auszuziehen.

Großvater nahm Rosa mit in die Dusche. Er schien zu bezweifeln, dass das Bad, das sie im See genommen hatte, reichen würde.

Die Nacht war ganz still, aber in meinem Kopf hämmerte unentwegt irgendwas. Manchmal war es ein rhythmisches Hämmern, das mich kurz eindämmern ließ. Dann wieder weckte es mich, weil es so derbe gegen meine Schläfen schlug, dass ich dachte, sie würden gleich zur Seite aufplatzen und der Hammer, der dahinter werkelte, würde zum Vorschein kommen.

Immer, wenn ich wach war, sah ich zu Großvater hinüber. Jedes Mal starrte er nach oben zur Decke, immer auf denselben Punkt, und er blinzelte nicht.

Erst am frühen Morgen, nachdem ich zum hundertsten Mal aus meinem rumpligen Schlaf erwachte, waren seine Augen endlich geschlossen und die Lampe neben seinem Bett erloschen.

Ich setzte mich hin und sah rüber zu Rosa, die eingerollt in der Ecke, neben der Badtür lag. Der Ausgang des gestrigen Tags war also die Aufgabe ihres Lebens gewesen. Hätten nicht wir sie damals aus dem Tierheim geholt, sondern eine andere Familie, hätte sie eine andere Aufgabe bekommen. Eine, die ihr bestimmt besser gefallen hätte.

Ich fragte mich, wie sie sich fühlte. Ob sie jetzt stolz war oder traurig. Ob sie eine andere Reaktion von mir erwartet hatte. Ein Lob oder ein Dankeschön.

Ich blieb den ganzen Tag in diesem Zimmer. Nur Großvater ging dreimal mit Rosa nach draußen in den Garten und kam jedes Mal nach wenigen Minuten zurück. Der Room Service brachte uns etwas zum Frühstück und zum Abendessen. Großvater stellte seine Portionen Rosa hin und trank nur den Kaffee und den Orangensaft. Mir war schlecht, aber trotzdem war ich hungrig. Ich aß einen Toast und eine Suppe und behielt die Badtür im Auge, für den Fall, dass ich es nicht bei mir behielt.

Als Großvater am Abend plötzlich das Radio einschaltete, lag ich eingerollt in meinem Bademantel auf dem Bett. Sie spielten wieder die größten Hits bis heute und in den Nachrichten kam Papa nicht vor.

Überhaupt schien da draußen nichts zu passieren. Am meisten wurde über das Wetter berichtet.

Als er das Radio wieder ausschaltete und etwas sagte, kam es mir vor, als hätte ich seine Stimme vor Jahren das letzte Mal gehört. „Morgen bring ich dich zu deiner Mutter."

Ich rollte mich auf die andere Seite und presste die Beine an meine Brust, so fest es eben ging. Aber nichts in mir zerbrach.

Mutter lag in einem Hospiz, nicht in einem normalen Krankenhaus. In den Gängen war es so still, dass man meinte, sie führten direkt in den Himmel oder man wäre schon dort. Überall waren Ärzte und Schwestern unterwegs, aber sie schienen beinahe zu schweben. Sie machten keine Geräusche. Ich konnte sie sehen, aber ich hörte sie nicht. Die Frau, die an der Rezeption saß, teilte mir Mutters Zimmernummer flüsternd mit.

Ich öffnete die Tür und sah einen weißen Hügel. Und am Ende des Hügels einen Fuß. Der Fuß war von einem Nylonstrumpf umspannt. Ich schaute genauer hin, und nun formte sich das Bild zum Ganzen. Der Hügel atmete. Da lag mehr als ein Fuß. Da lag meine Mutter und sie lebte.

Ich setzte mich auf die Bettkante und sah ihr schlechtes Gewissen aus ihren Augen in meine krabbeln. Sofort wich mein Blick Richtung Fenster aus. Ich dachte, dass der Krebs nicht besonders viel Kraft zu haben schien, wenn sie noch dazu imstande war, an alten Geschichten festzuhalten. Aber je länger ich dasaß und ihre Blicke wie eine zu schwere Federdecke auf mir spürte, merkte ich, dass ich es auch nicht war. Der Inhalt meines Kopfes bestand aus unendlich vielen ineinander verkeilten Fragezeichen. Wieso, zum Beispiel, sah *ich* jetzt aus dem Fenster und nicht sie?

Ihr kahler Schädel sorgte dafür, dass ich mich immer wieder vergewissern musste, dass es auch wirklich sie war, die da mit ihren kleinen Knochen in diesen strahlend weißen Laken lag. Ich musste die Augen zusammenkneifen, um nicht geblendet zu werden. Ich stellte mir vor, wie Mutters rote Haare da hinausgeleuchtet hatten und wie Blutspuren ausgesehen haben mussten, als sie auf ihr Bett gefallen waren.

Sie sah aus wie ein Reptil. Wie der Vogel, der sie sein wollte, wenn ich sie richtig verstanden hatte. Ihre glatte Kopfhaut, die dunklen Augen, jemand hatte ihr die Federn herausgerissen. Ich sah, wie sehr sie fror, aber ich spürte nichts.

Sie guckte mich an, sie lächelte nicht. Vielleicht überlegte sie, wer ich war, oder sie überlegte, was sie sagen wollte.

Mutter lag alleine im Zimmer. Neben ihr stand eine Tasse, an deren Rand die Spuren von Hagebuttentee klebten. In den letzten Jahren hatte ich nicht an sie gedacht, nicht an die Zeit, die wir zusammen hatten, aber jetzt plötzlich kam alles in mir hochgeschossen und vermischte sich mit Wut, die genauso alt war wie meine Erinnerungen. Tausende Bilder wirbelten in mir umher. Ich wusste nicht, wohin damit. Was sollte ich mit ihnen machen?

Mutter glotzte aus ihren kranken Augen heraus. Noch immer wendete sie den Blick nicht von mir ab. Ob sie mich überhaupt erkennen konnte?

Weißt du noch, Mutter, als ich das erste Mal meine Tage bekommen habe?

Es interessierte mich nicht, ob sie mich hörte, ob ich überhaupt sprach oder nur dachte. Sie würde mich schon verstehen.

Weißt du noch, Mutter?

Vielleicht würde sie gar nichts verstehen, aber alles, was ich jetzt sagen würde, wäre dann aus mir heraus.

Weißt du noch, Mutter, als ich das erste Mal meine Tage bekommen habe? Mein Bett war eine einzige rote Pfütze. Ich lag in so vielen Litern Blut und konnte es kaum fassen, dass das allein mir gehörte. Ich dachte, ich träume. Ich dachte, jemand hätte irgendwo etwas in mich hineingesteckt. Ein Messer vielleicht oder etwas anderes Spitzes, und es dann wieder herausgezogen. Da musste irgendwo ein Loch in mir sein, aber ich wusste einfach nicht, wo. Ich stand auf und ging zu dir. Weißt du noch, Mutter? Du hast im Bett gelegen und dich träge zu mir umgedreht. Die Pfütze unter meinen Füßen bestand aus Tränen und aus Blut. Du sagtest erschrocken: „Ja, steh doch da nicht herum! Beweg dich, los! Du versaust noch den ganzen Teppich!"

Ich wusste aber nicht, wohin ich gehen sollte. Immerhin lag der Teppich ja überall, in der gesamten Wohnung, sogar im Badezimmer. Ich hörte dich aufspringen und hinter mir herlaufen und rufen: „Oh nein, überall hast du Tapsen hingemacht!"

Natürlich war mir nicht eingefallen, dass auf dem Balkon kein Teppich lag. Warum auch, es war dort sehr kalt. Weißt du noch, Mutter? Du hast mich trotzdem auf den Balkon geschoben und die Tür von innen verschlossen. Wahrscheinlich hast du dich gleich wieder ins Bett gelegt und gedacht, um die Sauerei kümmere ich mich morgen. Oder, Mutter? War es nicht so?

Aber dann habe ich dir wieder einen Strich durch die Rechnung gezogen und bin auf den Nachbarbalkon geklettert. Weißt du, Mutter, in so einer Situation ist alles egal. Ob man nun stirbt, weil man verblutet oder weil man aus dem zehnten Stock stürzt – das wusste ich intuitiv auch schon als Kind. Aber ich, liebe Frau Mama, bin weder verblutet noch heruntergestürzt. Ich habe mich vor die hell erleuchtete Balkontür von Familie Scheffer gestellt, die gerade vor dem Fernseher saß. Ich musste nicht einmal klopfen oder darum bitten, dass sie mich zu sich hereinließen. Ganz erschrocken haben sie ausgesehen und sich reflexartig in Bewegung gesetzt, ganz so, als ob sie sich um meine poplige Existenz sorgten. Leider hast du es nicht gesehen, wie Frau Scheffer mir durchs Haar strich und wie sie mich hochhob und ins Badezimmer trug. Obwohl ich schon beinahe so groß war wie sie, fühlte ich mich plötzlich ganz winzig, weil sie die Kraft hatte, mich zu tragen. Und du hast auch nicht gesehen, wie Herr Scheffer Wasser einließ und dabei immer wieder mit der Hand überprüfte, ob es auch ja nicht zu heiß werden würde. Du hast leider nicht gehört, wie sie fragten, ob ich Schmerzen hätte. Und vor allem hast du nicht gehört, dass sie kein einziges Mal danach fragten, was mit dir sei.

Ich selbst habe das dann übernommen, Mutter. Ich habe gesagt, es ginge dir nicht so gut. Aber zum ersten Mal in meinem Leben dachte ich, dass es mir nun ausnahmsweise auch mal nicht gut ging. Und da, liebe Mutter, war er gekommen, der Moment, in dem mir klar wurde, dass ich mich immer nach dir zu richten hätte, ganz egal, was passieren würde. Nichts, was danach geschah, überraschte mich in irgendeiner Weise. Vielleicht schmerzte mich die immer gleiche Erkenntnis noch hier und da, vielleicht hatte ich manchmal noch ein paar selbstmitleidige Hoffnungen, aber mir war klar, dass sich das niemals ändern würde, dass sich mein Leben immer nur um *dein* Leben drehen würde, solange ich nicht über Balkonbrüstungen stieg.

Ich genoss es so wahnsinnig, wie dir die Tante vom Jugendamt ein paar Tage später auf die Nerven ging. Und wie sie es von da an regelmäßig tat. Meinst du, *mir* war diese Frau sympathisch? Ich fand selten jemanden so albern wie sie. Aber ich wollte unbedingt, dass sie nicht aufhörte, ihre dämlichen Fragen zu stellen und unsere Wohnung anzuschauen, wie eine schimmlige Wand, auf der sich jederzeit neue Sporen bilden konnten.

Am meisten genoss ich es, wie du dich in der Zeit bemüht hast, keine Tiefkühlgerichte zu kochen, hier und da mal etwas aufzuräumen und vor allem nicht permanent vor diesem verdammten Fenster zu stehen. Wenn die Tante vom Jugendamt da war, hast du plötzlich gewusst, dass man sich an den Tisch zu setzen hat, wenn die Tochter von der Schule nach Hause kommt.

Und wenn die Tante vom Jugendamt kam, hast du mir immer so lustige Fragen gestellt, weißt du noch, Mutter? Du sagtest: „Uns geht es gut, stimmt's? Wir kommen doch klar, oder? Es geht uns schon viel besser, nicht wahr?" Aber dann habe *ich* mal geschwiegen, damit du weißt, wie sich das anfühlt. Wahrscheinlich war das schon die Pubertät. Ich hatte kein Mitleid mehr. Eigentlich habe ich dich gehasst.

Ich sah sie da liegen. In meinem Hals bildete sich ein dicker Knoten. Sie sah mich nicht an. Sie beobachtete wahrscheinlich die wirklich monströse Wolke, die gerade vorüberzog und einige Kilo Schatten ins Zimmer warf. Ich dachte, es wäre mir einerlei, ob ich gesprochen hatte oder nicht, aber nun war es mir das doch nicht mehr, denn ich wusste plötzlich nicht, wozu ich eigentlich hergekommen war. Also fragte ich, über ihren Kopf hinweg: „Hast du mich verstanden?"

Ich spürte, wie dieser Satz gegen die Wand klatschte, abprallte und direkt zu mir zurückgedonnert kam. Beinahe hätte ich mich geduckt vor lauter Schreck.

„Ja", antwortete sie aber und war damit wieder die Alte. Sie brüllte nicht, schrie mich nicht an. Ihr klägliches „Ja" war das Einzige, was sie zu sagen hatte.

„Gut", sagte ich. „Ich komme morgen wieder. Ruh dich aus!"

Großvater wartete unten auf mich. Ich sah, wie das Auto wackelte, weil Rosa mich kommen sah. Großvater war in der Zwischenzeit mit ihr spazieren gewesen. Er sagte, dass sie sich nicht verändert hätte, dass sie immer noch die Gleiche sei. Er sagte sogar, dass sie nichts Böses getan hatte. Zumindest wenn man es aus ihren Augen betrachtete.

Wir fuhren zurück ins Hotel und schauten einen Film an. Er spielte am Meer. Es war eine Liebesgeschichte zwischen einem viel zu alten Mann und einem Mädchen. Ich war froh, als die Ferien des Mädchens zu Ende waren und sie abreisen musste.

Das Hotel war ein guter Ort fürs Zeitvergehen. Es war genauso still wie Mutters Hospiz, aber nicht so trostlos. Die Nächte unterschieden sich nicht von den Tagen. Man hörte niemanden kommen und gehen. Im Grunde wurde es einfach nur dunkel und hell, und jedes Mal, wenn wir diesen Wechsel bemerkten, waren wir irgendwie froh.

Als ich wieder an Mutters Bett stand, war meine Wut immer noch da. Mutter hatte nicht aufgesehen, als ich das Zimmer betreten hatte. Vielleicht war ihr die Kraft ausgegangen, um den Kopf zu drehen. Sie sah auf ihre Decke oder auf die Finger, die darauf lagen, als wären sie von den Händen abgetrennt. Wie einzelne Würmer, ganz dünn und knochig, als könnte man sie alle aufsammeln und wie Stifte in ein Behältnis stellen.

Ich hörte ihrem schweren Atem zu. Das Geräusch, das sie machte, war von so betont regelmäßiger Kraft, es klang beinahe wie eine Maschine. Ich konnte mir einfach nicht vorstellen, dass die Batterie dafür nicht wieder aufzuladen war. Vielleicht würde sie gar nicht sterben, sondern ich.

Eine Schwester betrat den Raum und stellte eine Tasse Tee vor mich hin. „Trinken Sie den", sagte sie, „das wird Ihnen guttun." Woher will die das denn wissen, dachte ich.

Mutter hatte nie zu mir gesagt, mach dies, das wird dir guttun, mach jenes, dann geht es dir besser. Nie. Außer, wenn Ute dabei war oder die Tante vom Jugendamt. Mutter war verschiedene Menschen. Stimmt's, Mutter?

Aber wenn wir zu zweit waren, warst du immer die eine. Du warst die Frau mit dem Hinterkopf: „Mutter?" Keine Antwort. „Mutter?" Ich musste einfach immer weitersprechen und hoffen, dass du es hörtest. „Mutter, ich habe eine Fünf geschrieben. Herr Hübner sagt, du sollst mit mir Hausaufgaben machen. Hier musst du unterschreiben, damit er weiß, dass du es machen wirst. Ich leg es dir hier hin." Es war immer eine große Überraschung, am Morgen auf den Tisch zu schauen und zu sehen, ob du unterschrieben hattest oder nicht. In diesem Fall hast du beides nicht getan. Stattdessen hast du geschrieben: ICH KANN DAS NICHT. Weißt du noch, Mutter?

Sie lag so nah vor mir, dass es mir plötzlich unangenehm wurde. Ihre Augen waren geschlossen, weil sie vermutlich gerade nichts dachte. Vielleicht schlief sie auch, oder sie linste schon mal durch den Vorhang in die Welt, die hinter dem Tod auf sie wartete.

Ich rutschte von der Bettkante und setzte mich auf den einzigen Stuhl, der im Zimmer stand. Aber ich hätte auf der Bettkante sitzen bleiben können, denn auch der Stuhl war so hoch, dass meine Füße in der Luft hingen. Ich fühlte mich wie ein kleines Kind. Ich spürte, wie ich schrumpfte.

Die Mutter-Maschine war noch immer geräuschvoll im Gang. Ich lief im Zimmer auf und ab. Ich räusperte mich, ruckelte an Mutters Bett. Aber als klar war, dass sie nicht reagieren würde, hob ich die Decke und legte mich in ihren Arm.

Ich war so müde, so schwer, dass selbst mein kleiner Finger sich anfühlte, als wiege er allein schon dreißig Kilo. Jede meiner Gliedmaßen spürte ich. Alle waren sie so schwer, dass der Herr Tod, der da an Mutters Körper nagte, alle Mühe gehabt hätte, mich von ihr herunterzuheben, um sie mit ins Jenseits nehmen zu können. Dafür hätte ich mich aber *auf* sie legen müssen. Aber ich wollte mich nicht auf sie legen. Ich hatte keine Kraft. Ich wünschte mir, im Gegenteil, sie würde sich auf mich legen, mich verstecken vor der Welt, die ich einfach nicht verstand.

Als ich aufwachte, war Mutter immer noch da. Der Tod kam nicht über den Rand ihres Bettes hinweg. Er stand im Raum wie ein Gespenst. Jeder spürte, dass er da war, aber hätte er sich gezeigt, hätten wir uns trotzdem erschreckt. Ich fühlte mich schlecht, weil ich auf ihn wartete. Ich merkte, dass ich mich viel mehr auf seine verschwommene Anwesenheit als auf Mutter konzentrierte. Man konnte meinen, dass ich ihn regelrecht herbeisehnte.

Ich setzte mich auf und drehte mich um, sodass ich mich ans Fußteil anlehnen und Mutter ins Gesicht sehen konnte.

Ich war nicht überrascht. Natürlich sah sie aus dem Fenster. Nicht eine Sekunde wendete sie mir ihren Blick zu. Ihre Wangen waren eingefallen. Gut, dass sie keine roten Haare mehr hat, dachte ich. Jetzt würde sie damit aussehen wie eine Stehlampe. Sie war so dünn, so durchscheinend wie das Papier, in das ich früher meine Pausenbrote gewickelt hatte. Graubrote, aus dessen Teiglöchern Margarine quoll. Graubrote, die so schmeckten, wie sie hießen.

Wieso hatte ich immer diese Graubrote gekauft? Ich war doch diejenige gewesen, die einkaufen ging. Ich hatte es doch in der Hand gehabt, was bei uns auf den Tisch kam. Wieso hatte ich das nicht genutzt? Ich hätte doch sagen können: Graubrot war heute aus oder: Heute mal kein Graubrot, ich kann dieses Graubrot nicht mehr sehen, wenn du Graubrot willst, musst du selbst einkaufen gehen.

Wieso habe ich immer wieder dieses verdammte Graubrot gekauft?

Ich sah in Mutters Gesicht oder in das, was davon übrig war. Ihre Augen sahen aus, als würden sie viel tiefer in die Höhlen hineinfallen wollen, in denen sie steckten. Dass sie mit diesen Augen überhaupt noch etwas sehen konnte, war unvorstellbar. Aber so einiges war unvorstellbar gewesen und erwies sich später als geringstes Wunder.

So vergingen die Tage, mal liegend, mal sitzend an Mutters Bett. Tagelang wachte ich irgendwo auf, während ich einschlafen wollte. Tagelang schlief ich ein, wenn ich wach sein wollte. Aber eines Morgens öffnete ich die Tür zu Mutters Zimmer und erstarrte. Der Anblick ihrer Gestalt katapultierte mich in Sekundenschnelle in die Vergangenheit zurück. Ich fühlte mich, als hätte ich einen Ranzen auf dem Rücken, denn Mutter stand am Fenster. Sie unterbrach meinen Gedanken, der sich damit beschäftigt hatte, ob es nicht angebracht wäre, so schnell wie möglich zu ihr zu gehen, um sie festzuhalten, bevor sie stürzen würde, indem sie sagte: „Hallo, Kind, wer ist denn dieser Hund?"

Sie war nicht nur in der Lage, am Fenster zu stehen, sondern sie konnte auch sprechen. Wie ein Stein lag mir die Zunge im Mund und ließ sich nicht bewegen. Wieso musste sie ausgerechnet Rosa entdecken? Und wer hatte sie da ans Fenster gestellt? Worin bestand der Trick? Auf welchem Gegenstand stand sie da? Mit

Sicherheit auf etwas, das sie festhielt, was ich von hier aus nicht sehen konnte.

Und was war aus dem feinen Herrn Tod geworden, von dem ich mir hier schon so viele schaurige Geschichten anhören durfte? Ihre Mutter macht es leider nicht mehr lange. Sehen Sie zu, dass Sie sich von ihr verabschieden. Es kann ein paar Tage dauern oder ein paar Wochen, aber Jahre werden es mit Sicherheit nicht mehr werden.

Vielleicht war es ein letztes Aufbäumen vor dem großen Moment. Vielleicht geschah aber auch gerade ein Wunder.

Ich starrte sie an, während ihre Worte wie ein Tattoo über ihrem Kopf an der Scheibe klebten. „Hallo, Kind, wer ist denn dieser Hund?" Da wir zuvor mit Rosa spazieren gegangen waren, musste Mutter schon eine ganze Weile dagestanden haben, an diesem Fenster, auf ihren Beinen, von denen man hätte meinen können, sie hätten schon immer so ausgesehen.

Ich war mir sicher, hätte man den Umfang ihrer Beine mit dem ihrer Arme verglichen, hätte man keinen Unterschied erkannt.

Nun, wer war also dieser Hund? Irgendwie wusste ich es selbst nicht mehr so genau. Jetzt, wo sie danach fragte, fühlte ich mich wie ein Teil einer Choreografie, die bis ins Detail einstudiert war und die ich lange nicht hinterfragt hatte. Ich war die Figur, die jeden Tag spazieren ging und dabei von einem Hund begleitet wurde, dem sie zwei Mal täglich etwas zu essen gab. Warum ich spazieren ging, wusste ich nicht. Es war eben meine Aufgabe in diesem Stück. Genauso gut hätte ich fragen können: „Mutter, warum schaust du immer aus dem Fenster?"

Keine Ahnung, warum ich spazieren ging, keine Ahnung, wer dieser Hund war, warum er mich begleitete, warum er mich immer noch begleitete, immer wieder begleitete, nach allem, was gewesen war.

Ich spürte Schweiß auf meiner Stirn. Plötzlich zog sich das Tattoo über Mutters Kopf wie ein Kaugummi in die Länge und präsentierte die Antwort auf ihre Frage gleich mit. Hätte sie hinaufgeschaut, hätte sie es lesen können:

„Der Hund ist der Mörder deines Mannes, Mutter."

Ich ging zu ihr und stellte mich so dicht neben sie, dass wir zu einem Ganzen wurden, das aus derselben Lunge zu atmen schien. Ich half ihr beim Versuch, mit Blicken ein Loch durchs Fensterglas zu bohren, indem ich den gleichen Punkt fixierte wie sie. Und das war das wegfahrende Auto, in dem Rosa lag.

„Magst du Hunde?", fragte ich.

Sie nickte und sagte: „Bring ihn doch mal mit hoch, ich möchte ihn von Nahem sehen."

„Morgen", sagte ich, in der Hoffnung, dass sie dann nicht mehr lebte.

Bevor ich am Abend das Haus verließ, besprach ich die Sache mit den Schwestern. Für die schien es das Normalste der Welt zu sein, dass ich einen Hund mit ins Hospiz nehmen wollte. Ich wurde unsicher, ob ich

die letzten Jahre auf demselben Planeten verbracht
hatte wie sie, aber da ich zum ersten Mal in meinem
Leben in einem Hospiz war, stimmte das wohl sogar.

Als ich das Haus verließ, verstand ich endlich, warum der Parkplatz eigentlich so dunkel war. Er wurde nur von einer einzigen Laterne beleuchtet, die direkt in der Mitte des Platzes stand. Wie ein misslungener Marktplatz, auf dem man die Kirche gegen diese Laterne ausgetauscht hatte. Wenn man am Rand des Platzes parkte, musste man bestimmt mit den Fingern nach dem Schloss tasten, um zu wissen, wohin man den Schlüssel zu führen hatte. Großvater parkte nie am Rand des Platzes. Wenn ich aus dem Hospiz trat, war er schon da und stand bei laufendem Motor immer auf derselben Markierung, zehn Schritte von der Eingangstür entfernt. Die Rauchwolke, die aus dem Auspuff emporstieg, kletterte den spärlichen Lichtkegel der Laterne hinauf und erinnerte an Bühnennebel.

Ich stieg ein, und noch bevor die Tür richtig zugefallen war, fuhr er los.

„Wie geht es ihr?", fragte er dann. Immer wieder. Jeden Abend. Und ich antwortete: „Sie lebt noch."

Wir hatten schnell einen Ablauf gefunden, in dieser neuen Situation, an diesem kalten Ort, der mich an nichts erinnerte. Und ohne diesen Ablauf geübt zu haben, spulten wir ihn täglich ab, ohne einen Fehler zu machen, ohne zu stolpern, ohne den Text zu vergessen oder ihn zu verändern. Als wären wir Akteure hinter einer Mattscheibe, vor der jemand einen Knopf gedrückt und das Programm gewechselt hatte. Was die unsichtbare Person nun sah: „Der Alte und das Mädchen – Folge 6 – Die sterbende Mutter".

Rosa stupste mich von hinten an. Ich drehte mich zu ihr um, aber mein Arm ließ sich noch immer nicht zu ihr hinbewegen. Sobald ich sie ansah, wurde ich wieder zu dieser Steinfigur vor dem Hochhaus, obwohl sich in mir drin alles bewegte. Jeder Blick auf Rosa sorgte dafür, dass ich das Blut durch mich hindurchströmen spürte. Aber es fühlte sich so heiß an, dass ich mir vorstellen konnte, innerlich zu verbrennen. Also drehte ich mich wieder um und sah den Schnee an. Großvater fuhr in Schrittgeschwindigkeit. Die Straßen waren nicht geräumt worden. Die Stadt lag ganz ruhig unter der weißen Decke und wir krochen leise über sie hinweg.

Wenn Rosa nicht hinter mir säße, wäre ich nicht vollständig, dachte ich. Wenn sie nicht neben mir liefe, wäre ich jemand ganz anderes. Und wenn ich sie nicht anfasste?

In Gedanken schien es mir ganz leicht zu sein. In Gedanken erstarrte ich nie zu Beton.

„Sie möchte Rosa kennenlernen", sagte ich, „morgen nehme ich sie also mit."

Großvater sah weiter auf die Straße. Er antwortete nicht. Stattdessen bog er jetzt nicht nach rechts ein, in die Straße, die uns zurück zum Hotel führen würde, sondern in die andere Richtung. Er fuhr ein paar Meter in die Gasse hinein und parkte vor einem Irish Pub, in dem er vorschlug den Abend zu verbringen.

Es war ein typischer Pub aus der Kleinstadt, der mit Irland vermutlich so viel gemeinsam hatte wie die Gäste des Pubs mit Großvater und mir. Das Bier bestand hauptsächlich aus Schaum, weswegen ich zunächst überlegte, einen Löffel zu bestellen. Aber dann machte es mir Spaß, das Glas anzusetzen und den Schaum auf der Oberlippe, an der Nasenspitze und auf den Wangen kleben zu lassen.

Großvater verstand den Spaß sofort. Er tauchte so weit ins Glas hinein, dass seine Nase doppelt so lang war, als er wieder aufblickte. Dann rief er die Kellnerin zu uns und bestellte mit seiner Schaumnase Kartoffelecken mit einer Extraportion Sour Cream. Die Kellnerin war kaum älter als ich. Vielleicht ging sie noch zur Schule oder hatte gerade ein Studium begonnen. Vielleicht aber auch nicht. Eigentlich wirkte sie so, als wäre sie in diesem Pub aufgewachsen und hätte sonst nichts weiter vor im Leben, als Tabletts durch diesen Raum zu tragen. Sie wirkte wahnsinnig souverän. Alles, was sie tat, war routiniert. Vielleicht sorgte das insgeheim für die Langeweile in ihrem Gesicht. Sie hatte überhaupt keinen Humor. Ich war nicht einmal sicher, ob sie bemerkte, dass wir sie verarschten. Aber genau mit dieser Art forderte sie uns heraus, weiterzumachen und ihr doch noch irgendeine Reaktion zu entlocken. Sie hielt durch und gab lange nichts zurück. Sie erinnerte mich an eine Vogelscheuche. Stocksteif kam sie zu uns und nahm emotionslos unsere Bestellungen auf, wobei sie wirklich keine Miene verzog. Auch dann nicht, wenn wir Kartoffelecken in den Ohren oder zwischen Zahnfleisch und Unterlippe stecken hatten oder wenn wir mit einer Kriegsbemalung aus Sour Cream im Gesicht und einer Kartoffelecke als Monokel mit ihr sprachen. Sie reagierte einfach nicht. Ich musste aufpassen, dass sie mich mit ihrer Art nicht wütend machte.

Wir brauchten dringend irgendeine Resonanz, einen Widerhall, irgendeine Antwort, die weder Großvater noch ich geben konnten, weil wir nicht einmal wussten, welche Frage wir eigentlich stellten. Aber ewig lang schien die Kellnerin die falsche Ansprechpartnerin für uns zu sein. Bis sie endlich kam, um die letzte Runde einzuläuten. Wir bestellten Wodka Lemon. Wir wollten nicht ins Hotel zurück. Wir wollten, dass dieser Abend kein Ende fand.

Als sie die Gläser brachte, hatte sie ein drittes dabei, das sie ebenfalls auf unseren Tisch stellte, und zwar für sich selbst. Sie setzte sich vor ebendieses Glas und prostete uns zu. So selbstsicher hatte ich sie gar nicht eingeschätzt. Mit einem Ruck waren mir die ganzen Kartoffelecken- und Sour-Cream-Späße wahnsinnig peinlich. Es war noch immer schwer vorstellbar, wie dieses Mädchen aussehen würde, wenn es aus vollem Halse lachte. Aber irgendetwas schien sie zu spüren, als sie sich nun zu uns setzte und sagte: „Dann erzählt mal, was ist denn passiert?" Sie klang wenig einfühlsam.

Großvater und ich sahen uns erschrocken an. Ich überlegte, ob wir einfach aufstehen und gehen sollten, aber nun war die Reaktion, die ich mir so wünschte, doch zum Greifen nah, sodass ich mich nicht rühren konnte.

Am liebsten hätte ich jegliche Verantwortung in die Hände dieses unterkühlten Mädchens gelegt, meinen Kopf in ihrem Schoß vergraben und ihre Beine nass geweint. Aber ich war noch nicht betrunken genug. Ich sah noch einmal zu Großvater, und da seine Lippen sehr fest aufeinander lagen und es nicht so aussah, als würde er sprechen können, sagte ich: „Meine Mutter wird sterben."

Das Mädchen rührte sich nicht. Ihre weit aufgerissenen Augen sahen mich direkt an. Sie sagte nichts. Ich blickte wieder zurück zu Großvater, der aber genauso hilflos aussah, wie ich mich fühlte.

Jetzt lag dieser Satz auf dem Tisch und passte nicht so recht zu unseren Getränken. Ich schaute in die trübe Flüssigkeit. Es sah aus, als hätte sich der Wodka einen Mantel übergeworfen. Ich dachte, dass ich zehn Wodka Lemon trinken könnte, aber an den Wodka würde ich trotzdem nicht herankommen, mit diesem Umhang, den er trug. Puren Wodka hätten wir trinken müssen! Purer Wodka hätte zu diesem Satz gepasst. An kalten

Milchkaffee, an Kirsch-Bananen-Saft erinnerte mich dieser Wodka Lemon in meinem Glas.

Aber vielleicht irrte ich mich, da Mutter ja noch lebte. Vielleicht war doch alles ganz stimmig, und klarer Wodka wäre nur dann sinnvoll gewesen, wenn der Satz geheißen hätte: Meine Mutter ist tot.

So hieß der Satz aber nicht.

Ich nippte an meinem Glas und wagte erneut einen Blick in die Augen des Mädchens. Sie waren eher grau als blau und sahen mich noch immer direkt an. Ich konnte ihrem Blick nicht standhalten. Die Farbe ihrer Augen passte zum Wodka Lemon. Ein milchiger, unbestimmter, verschwommener Schleier.

Meine Mutter wird sterben, dachte ich. Und das dachte ich sehr lange, aus allen Winkeln heraus, im Kreis und rückwärts.

Ich dachte es auch für Großvater mit, dessen Hände am Tisch festzukleben schienen. Ich spürte die Wodka-Lemon-Augen des Mädchens auf mir ruhen.

Meine Mutter wird sterben.

Und gerade als ich bemerkte, dass sich das Glas zwischen meinen Fingern so sehr erwärmt hatte, dass ich den Inhalt nicht mehr trinken wollte, sagte das Mädchen: „Auch meine Mutter wird sterben. Alle Mütter sterben einmal. So ist das Leben."

Sie trank ihr Glas aus, stand auf und ging.

Jetzt fühlte es sich nicht mehr so an, als würde der Satz auf dem Tisch liegen. Und das, obwohl er jetzt keine vorsichtig gehauchte Möglichkeit mehr war, mit der ich mich anfreunden musste und die ich wie leicht verderbliches Obst vorsichtig in meinen Händen hin und her gewiegt hatte, immer darauf bedacht, sie nicht fallen zu lassen. Nein, jetzt lag der Satz nicht mehr. Jetzt war er eine Tatsache und stand wie ein Ausrufezeichen direkt vor mir, wechselte von einem Bein aufs andere und wartete auf seinen feierlichen Gang zum Friedhof. Endlich verstand ich wirklich, was passierte. Meine Mutter wird sterben. Heute oder morgen oder in einem Jahr. Meine Mutter wird sterben und dann tot sein, so wie all die anderen Mütter, die vor ihr gestorben sind.

In der folgenden Nacht träumte ich von Engeln, die das Gesicht des Mädchens aus dem Irish Pub trugen. In der nächsten Sequenz wirkte es allerdings so, als würde das Mädchen auf dem Weg zum Fasching sein, mit diesen Engelsflügeln, die man mit einem Gummiband an den Schultern befestigen kann. Ich fand das sehr albern. Aber das Mädchen grinste nur. Ich wunderte mich, weil ich mir doch genau das nicht hatte vorstellen können: dass sie lachen konnte, aber als ich meine Mutter im Bett liegen sah und zu ihr hinging und die Decke hochhob, unter der dann statt Mutters Gesicht das Gesicht des Mädchens zum Vorschein kam, schreckte ich hoch.

Mir war kalt. Meine Haut war nass. Ich roch meinen eigenen Schweiß. Plötzlich war ich nicht mehr sicher, wann der Traum begonnen hatte. Vielleicht ja schon im Irish Pub? Wenn ich blinzelte oder die Augen nur einen kleinen Moment schloss, sah ich es immer wieder, dieses Mädchen aus dem Irish Pub. Ich presste die

Lider mit aller Kraft auseinander und setzte mich auf die Bettkante. Großvater stöhnte neben mir.

Ich stand auf, tastete mich ins Badezimmer und ließ mir eine Wanne ein. Das Fenster war schon beschlagen, bevor der Dampf aufstieg. Er lag auf der dunklen Scheibe wie eine Schicht, die nur zufällig gerade dorthin geschwebt war und sich kurz ausruhen wollte. Das kalte, elektrische Licht, das ich mit einem Knopfdruck entfacht hatte, lehnte sich wie ein Ringer gegen seinen Feind. Dunkle Nacht und hell erleuchtetes Badezimmer stemmten sich gegeneinander. Der Schiedsrichter war die Fensterscheibe. Ich hatte Mühe, wach zu werden. Aber müde war ich auch nicht. Es war der immer gleiche Zustand, seitdem wir hier in der Stadt waren.

Ich setzte mich ins Wasser. Ich hatte es wieder einmal mit der Temperatur übertrieben. Es zwickte auf der Haut und ich überlegte hin und her, ob ich noch einmal rausgehen oder kaltes Wasser nachlassen sollte. Aber irgendwie tat dieses Britzeln auch gut. Der Schweiß rann mir die Stirn hinab, mein Kreislauf rotierte mächtig. Ich ließ ihn arbeiten, lehnte mich zurück und betrachtete durch den Nebel hindurch das hässliche Muster der Fliesen.

Ich fragte mich, wer den Fliesenherstellern auf dieser Welt erzählt hatte, dass allen Menschen marmorierte Fliesen gefallen würden. Da waren ja die Fliesen im Hochhaus schöner gewesen, obwohl sie aus Gummi bestanden. Aus Gummitapete oder wie man das nennt.

Wir hatten grüne Kacheltapete im Badezimmer und rote Kacheltapete in der Küche gehabt. Eigentlich gefiel mir dieser einfache Trick. Vielleicht würde ich eines Tages in einen Baumarkt gehen und Kacheltapete kaufen. Wenn ich sie an meine eigenen Wände tapezieren würde, hätte das den gleichen Effekt, wie ein Foto von Mutter aufzuhängen, dachte ich.

Wenn ich so weit herunterrutschte, dass auch die Schultern von Wasser bedeckt wurden, bäumte sich der Schaum vor mir auf. Ich sah auf große, weiße Berge. Berge, die aus Luft bestanden, die ich wegpusten und eindrücken konnte, ohne auch nur die geringste Kraft anzuwenden. Und das tat ich auch. Mein riesiger Arm, der Fuß eines Dinosauriers, kam hinter den schneebedeckten Bergen hervor und ließ sich bleischwer auf ihnen nieder, bis nichts mehr von ihnen übrig war, bis ich keine Berge mehr sah, sondern meine Füße, die mir so, wie sie da hinten lagen, irgendetwas sagen wollten. Über die Wege, die sie gegangen waren, und über die, die sie noch gehen wollten. Ich dachte an Mutters Füße. An den immer gleichen Platz, an dem sie gestanden und trotzdem keine einzige Spur hinterlassen hatten.

Wie oft hatte ich schon irgendwo gelegen und an Mutter gedacht? Und wie viele Gedanken waren auf dem Weg zu ihr verloren gegangen und welchen Weg hatten sie stattdessen eingeschlagen? War überhaupt jemals einer meiner Gedanken bei ihr angekommen? Zum Beispiel jetzt gerade? Lag Mutter in ihrem Krankenbett und wachte auf, weil sie merkte, dass ich an sie dachte? Und dachte sie an mich zurück? Oder dachte ich vielleicht an sie, weil sie gerade an mich dachte?

Ich schloss die Augen, um es zu spüren. Ich wollte ihr An-mich-Denken nicht verpassen. Aber wo war es bloß?

Sobald ich die Augen schloss, wechselte sich immer wieder das Gesicht von Mutter mit dem des Mädchens ab. Ich wurde dieses Bild nicht los. Ich hatte es aus dem Bett bis in die Wanne hinter mir hergezogen, lag im heißen Wasser und spürte, wie ich schrumpfte. Meine Haut zog sich zusammen. Hätte man jetzt meine Finger neben die von Großvater gehalten, hätte man denken können, wir wären gleich alt.

Ich ließ meinen Schädel unter die Wasseroberfläche gleiten, das Wasser drang in meine Ohren, in mich hinein. Ich wollte mich auswaschen. Das Bild des Mädchens, die verklebten letzten Tage, Mutters Glatze, ihre Worte, die ich mit einer Hand hätte aufzählen und mit der anderen hätte zerquetschen können, wie den Schaum in der Wanne, von dem nur noch winzige Spuren vorhanden waren, als ich wieder auftauchte.

Die Zeiger der Uhr, die über der Tür hing, schlugen in die immer gleiche Kerbe in meinem Kopf. Sie würden ihn noch spalten, dachte ich, wenn ich die gesamte restliche Nacht hier liegen bliebe.

Sollte ich mich jemals aus der Wanne erheben, gäbe es wieder einen Tag. Er würde insgeheim sein wie jeder andere Tag. Es würde hell sein und dann dunkel, ich würde wieder den Schnee anschauen und durch ihn hindurchlaufen. Ich würde mit Rosa spazieren gehen und dann würde ich nachsehen, ob Mutter noch lebte. Wenn sie noch leben würde, würde es sich wieder anfühlen wie unser letztes Treffen, wie ein Abschied, obwohl niemand auf Wiedersehen sagte. In Gedanken war ich bereits auf dem Weg zu ihr. In Gedanken ging ich schon mal alles durch:

Ich betrete erneut das Hospiz, Rosas Krallen klackern auf dem Linoleum. Die Schwestern sind bemüht, sie nicht zu streicheln. Sie würden es allzu gern tun, aber dann müssten sie ihre desinfizierten Hände noch einmal desinfizieren, und dazu haben sie vermutlich keine Lust. Dafür wispern sie Rosa Geräusche zu, die so klingen, als würden sie mit einem Baby kommunizieren. Duzzi, duzzi und so weiter. Ich sehe zu Rosa hinunter. Das arme Tier. Ganz verstört sieht sie aus.

Dann öffne ich die Tür und gehe direkt zu Mutters Bett. Am Fußende schauen ihre Zehen unter der Decke hervor. Sie sind sicher sehr kalt, da sie schon einen Blaustich haben. Ich will sie nicht anfassen, also greife ich nur nach dem Zipfel der Decke und lege ihn über ihre Füße. Aber sie bemerkt es sofort. Sie schreckt hoch und sagt: „Was machst du denn da? Was soll das?" Mit dem größtmöglichen Vorwurf im Blick sieht sie mich an und ich nehme erneut den Zipfel in die Hand und schlage die Decke zurück, sodass ihre blauen Füße wieder zum Vorschein kommen. Mutter schüttelt den Kopf. Ich wende den Blick ab von ihren erbärmlichen Zehen. Diese Zehen, ich kann sie nicht ertragen! Sie sehen aus, als würde Mutter von unten nach oben sterben.

Rosa macht ein Geräusch, das, wenn man es in menschliche Sprache übersetzen würde, vermutlich so viel hieße wie: „Können wir bitte wieder gehen? Mir gefällt es hier nicht." Ich habe dieses Geräusch bei ihr noch nie zuvor gehört. Natürlich hat es aber zur Folge, dass Mutter nun auf Rosa aufmerksam wird. Behäbig dreht sie ihren kahlen Schädel in die Richtung, aus der das Gähnen oder Jaulen gekommen ist, oder wie auch immer man es nennen will, was Rosa da von sich gibt. Und jetzt starren sie sich an.

Mutter sieht nicht gerade wie eine Tierliebhaberin aus. Im Gegenteil, ich habe eher das Gefühl, dass sie sich tiefer in ihr Kissen presst, seitdem ihre Aufmerksamkeit Rosa gilt. Und sie sagt gar nichts zu ihr. Sie glotzt sie an, als ob sie wüsste, was sie getan hat. Als wäre Rosa ein Ungeheuer oder etwas ganz Übernatürliches, ein Wunder vielleicht, etwas, von dem man sich – selbst in dem Moment, in dem es vor einem steht – beim besten Willen nicht vorstellen kann, dass es existiert. Keine Ahnung, wie Rosa es empfindet, so beäugt zu werden. Aber sie sieht sehr tapfer aus.

„Möchtest du etwas trinken?", frage ich, vor allem, um die Situation irgendwie zu verändern. Aber Mutter antwortet nicht darauf.

„So, und wie lange hast du diesen Hund nun schon?", fragt sie mich.

Aber ich denke, was du kannst, kann ich schon lange, und erwidere: „Ich hol dir einen Tee."

Während ich die Tür hinter mir zuziehe, höre ich wieder Rosas Krallen auf dem Boden klappern, aber ich gebe ihr keine Möglichkeit, mir zu folgen, sondern ziehe die Tür hinter mir ins Schloss.

Ich laufe den Gang entlang, an den Toiletten vorbei, die gerade jemand benutzt haben muss, so wie es hier riecht. Und als ich an dem Wagen mit den Pumpkannen und Teebeuteln angekommen bin, erinnere ich mich an Rosas Fähigkeit, Türen zu öffnen. Die Klinke kracht laut nach unten und kurz darauf steht sie wieder neben mir.

Ich kann mir ein Grinsen nicht verkneifen. Soll Mutter ruhig sehen, wie sehr dieses Tier an mir hängt, dass sie lieber bei mir als bei ihr sein will. Ich gönne Mutter diesen Schmerz, von dem ich hoffe, dass sie ihn überhaupt empfinden kann.

Am liebsten würde ich es Rosa überlassen, Mutter die Tasse Tee zu bringen. Ich würde allzu gern ihr ängstliches Gesicht sehen, wenn die große Hundeschnauze auf sie zukommt und ihr die heiße Tasse überreicht, die sie ihr nur ganz vorsichtig aus der Schnauze ziehen kann, wenn sie sich nicht selbst verbrühen will.

Aber nein, Rosa wird ihr natürlich nicht den Tee bringen, sondern ich mache das.

Zurück im Zimmer angekommen, schweigt Mutter wieder. Sie zeigt sich vollkommen unbeeindruckt. Aber ich sehe genau, dass sie verärgert ist, über die Tatsache, dass Rosa mir auf Schritt und Tritt folgt. Sie sieht überhaupt sehr verknittert aus. Ab diesem Moment versucht sie, Rosa zu ignorieren, was aber aufgrund von Rosas Größe und aufgrund der Größe des Raumes nicht möglich ist.

Mutters Kopf passt zwischen jeden Fensterrahmen, und das zu jeder Tages- und Nachtzeit, so auch jetzt. Sie sieht wieder nach draußen, und ich frage mich, wieso ich Rosa überhaupt mitbringen sollte. Nur, damit Mutter sich davon überzeugen kann, dass dieser Hund zu mir gehört? Aber vielleicht gehöre ich viel mehr zu diesem Hund.

Mit aller Kraft schweigt Mutter mich an und massiert die Knorpel an ihren Händen. Das macht Geräusche, die unangenehmer sind, als es sein muss, mit der flachen Hand über ihre Glatze zu streichen. Es übertönt unser Schweigen. Die schmatzenden und knackenden Geräusche prallen von den Wänden ab, Rosa spitzt die Ohren und sieht mich fragend an. Und weil ich das alles nicht besonders lange aushalte, nicht so lange wie die letzten Tage – ich halte es überhaupt nicht mehr aus, nicht eine einzige Minute kann ich noch damit verbringen und sinnlos die ganze kostbare Zeit verschweigen, in diesem muffigen Krankenzimmer –, weil ich das alles nicht weiter aushalte, diesen kalten, leeren Raum in unseren Mündern, zwischen ihr und mir, zwischen Papa und Rosa, zwischen der Vergangenheit und jetzt, mache ich damit ab sofort nicht mehr weiter. Das ist jetzt vorbei. Ich will nicht mehr schweigen, ich kann nicht mehr schweigen. Die Stille ist durchbrochen, ein reinigendes Rauschen dringt in meine Ohren.

Wie sie da liegt, meine glatzköpfige Mutter, die Angst in ihren Augen, der Himmel, der sich in ihnen spiegelt, all die großen Wolken, die immer näher rücken, wie Wasserbomben, die auf ihre platte Schädeldecke zusteuern, um darauf zu zerplatzen.

Ich sage: „Mutter, dein Mann ist tot, du bist tot, das, was du siehst, ist nur ein Traum, und zwar seit mindestens achtzehn Jahren. Ich liebe dich nicht. Ich hasse dich nicht. Ich empfinde gar nichts, wenn ich dich sehe."

Ihre Augen weiten sich. Groß sehen sie aus, ganz wach, mit einem Mal. „Was redest du da?", fragt sie, und: „Sag mal, spinnst du?" Und hintendran hängt sie wieder meinen alten Namen.

Ich erkläre ihr, wie ich heiße. Nein, ich erkläre es nicht, ich schreie es tief in ihr Ohr hinein, damit sie es noch im Sarg begreifen kann. „Sascha, Mutter! Ich heiße SASCHA!"

Sie grinst, oder soll das ein Lachen sein? Plötzlich hat sie dafür Kraft.

So weit entfernt vom Tod wirkt sie, sowas von unsterblich wie all die letzten Tage. Nicht der größte Krebs kann sie auseinanderbrechen und ihr puckerndes Herz zum Stillstehen bringen. Grinsend stützt sie sich auf ihre knochigen Ellbogen. Nur innerlich höre ich, wie es knackt. Sie setzt sich auf, um ja auch alles, was ihr von meiner Wut entgegenschlägt, aufnehmen zu können. Mit Genuss tut sie das. Endlich wieder jemand, der mit mir schimpft, denkt sie, ach, tut das gut! Und natürlich, natürlich neigt sie jetzt wieder den Kopf in Richtung Fenster.

Aber dieses Mal verhindere ich es, dass sie dort etwas zu sehen bekommt. Ich ziehe die Vorhänge zu und mache das Licht aus, sodass wir uns im Dunkeln gegenübersitzen. Mutter tastet nach der Lampe neben ihrem Bett. Als sie den Schalter endlich findet, wird es trotzdem nicht viel heller. Es dämmert nur im Zimmer.

Da Mutter nichts sagt, sage ich etwas. Jedes Wort und jeder Atemstoß fühlt sich an wie ein Dartpfeil. Um diesen Effekt zu unterstützen, senke ich die Stimme. Ganz ruhig und leise drücke ich meine Worte gegen die Lippen und schiebe sie immer genau zum richtigen Zeitpunkt mit der Zunge hinaus in den Raum. Nämlich dann, wenn es Mutter am meisten schmerzt. Wenn Tränen von hinten gegen ihre Augäpfel drücken, die genauso alt und groß sind wie ich.

Alles sage ich. Sogar Dinge, die mich selbst erschrecken. „Mutter, du interessierst mich nicht. Deine Krankheit interessiert mich nicht. Genauso wenig, wie ich dich jemals interessiert habe. Ich habe selbst nur ein Leben, und das werde ich den Menschen widmen, die es ernst mit mir meinen."

Jetzt höre ich ganz deutlich, wie sie einen Kloß von Sprachlosigkeit hinunterschluckt. Aber ich bin noch nicht fertig. Soll ihr doch eine Lawine von Klößen den Hals hinunterrollen!

„Du hast mich nie beschützt, sondern nur deine lächerliche Angst. Du bist so feige, so schwach. Du bist nicht auszuhalten. Wieso sehe *ich* nicht aus dem Fenster? Wieso wende *ich* mich denn nicht ab?"

Langsam wird es ihr mit mir unangenehm, im dunklen Zimmer. Rosa unterstützt die mulmige Stimmung mit ihren kräftigen Atemzügen. Sie hat es längst aufgegeben, mich zum Gehen zu drängen. Sie liegt da, und wie es sich für einen wohlerzogenen Hund gehört, wartet sie darauf, dass ich das Zeichen gebe, das ihr bedeutet, dass wir draußen ein Stöckchen suchen, das ich ihr auf eine Wiese werfe.

Im Zimmer geht die Luft aus. Mutter richtet sich noch weiter auf, bis sie sitzt. Denn sie findet es langsam unerträglich mit mir. Sie lässt sich die Bettkante hinunterrutschen, stellt sich auf ihre dürren Beine und tastet sich dann zum Fenster. Dass sie dazu in der Lage ist, überrascht sie selbst. Aber da sie es nun schon geschafft hat, die Vorhänge zurückzuziehen, geht sie noch weiter durch den Raum, und ohne sich irgendwo festzuhalten, hört sie nicht mehr damit auf. Das gibt ihr ein Gefühl von Autonomie. Und erstaunlicherweise wankt sie dabei auch gar nicht. Wenn der gemeine Krebs nicht diese derben Spuren hinterlassen hätte, könnte man völlig vergessen, dass sie krank ist.

Aber ich lasse mich nicht verunsichern, sondern rede weiter. „Meinst du, du kannst meinen Worten entkommen? Ich kann sie dir auch in den Grabstein meißeln lassen, wenn du sie jetzt nicht hören willst. Hast du denn gar nichts zu sagen, nach all den Jahren?"

Aber als ob sie nicht in der Lage wäre, mir mit Worten zu antworten, tut sie es auf körperliche Weise, indem sie mit winzigen Schritten rückwärtsgeht, sich von mir entfernt, soweit es der Raum eben zulässt. Aber ich gebe keine Ruhe:

„Willst du dich wirklich wieder einfach so davonmachen, ja?"

Und da sind sie wieder, Mutters trübe Augen. Sie sehen mir direkt ins Gesicht, während sie weiter rückwärts durch den Raum tippelt. Jetzt erst bemerkte ich, dass sie zu mir aufsehen muss. Bin ich so groß geworden, in der Zwischenzeit?

Das Grinsen hat sich in ihre Wangen hineingefräst. Ich sage gar nichts mehr, aber Mutter ist weiter auf der Flucht vor meinen Worten. Als wären die, die ich schon gesprochen habe, hinter ihr her.

Plötzlich passiert etwas, mit dem ich nicht gerechnet habe. Mutters Gesicht sieht aus, als würde sie sich erschrecken, aber ich selbst bin viel erschrockener, weil ich das, was jetzt passiert, nicht habe kommen sehen. Ich bin noch lange nicht fertig mit meiner Wut, will sie gerade in die nächsten Worte packen, alles loswerden, was ich ihr bislang nicht sagen konnte, weil sie verdammt nochmal nicht da war, aber Mutter unterbricht mich, mit aller Härte.

Sie sieht abwechselnd mich und die Zimmerdecke an. Wozu auch dort hinsehen, wo man hinläuft, in einem kleinen Raum wie diesem, durch den man zudem auch noch rückwärtsgeht.

Wie in Zeitlupe fällt sie. Wie in Zeitlupe prallt ihr Kopf gegen den Schrank, der direkt hinter ihr steht, eine Ladung Blut schwappt aus ihr heraus, über sie hinweg, und wie in Zeitlupe schmiert ihr Kopf dieses Blut an die Schranktür, während der gesamte Mutter-Körper magnetisch vom Boden angezogen wird. Erst, als die Beine, ebenfalls in Zeitlupe, einmal hinauf- und einmal hinabfallen, spüre ich endlich, wie in meinem Kopf der Schalter umkippt, der für die Verständlichkeit zuständig ist. Denn dann endlich kann ich sehen, was Mutter zu Fall gebracht hat.

Es ist Rosa, die sich da unter den Beinen meiner Mutter aufrappelt. Beinahe schlaftrunken sieht sie aus. Vermutlich hat sich Rosa am allermeisten von uns dreien erschreckt. Und vermutlich versackt genau in dem Moment, in dem ich das denke, Mutters Puls. Ich hätte mich nicht zu ihr hinunterbeugen müssen, um zu spüren, dass sie es endlich geschafft hat, dass sie den Krebs besiegt hat, mit einem anderen Tod.

Ich halte ihre schmale Kehle in der Hand. Ihr erschrockener Blick ist eingefroren. Wenn niemand etwas daran ändert, bis die Leichenstarre einsetzt, dann wird sie mit diesem Ausdruck beerdigt werden.

Rosa öffnete die Badezimmertür. Ich öffnete die Augen. Es war jetzt hell draußen. Der Tag stand schon bereit.

Ich zog mich nach vorn und übernahm, was Rosa noch immer nicht gelernt hatte: Ich schob die Tür wieder ran. Dann rutschte ich zurück ins Wasser. Rosa stellte sich mit den Vorderpfoten auf den Wannenrand und leckte an meiner Hand, die darauf lag. Eine Weile sah ich ihr dabei zu, dann hievte ich den ganzen Hund in die Wanne hinein und schob sie nach unten, an meine Beine, bis sie gänzlich von Wasser bedeckt war. Wir lagen da und sahen uns an. Wir bewegten uns nicht. Wir blieben reglos liegen. Reglos wie Mutter.

Die Tür stand einen Spalt breit offen. Kühle Luft drang von draußen herein. Der Dampf, der zuvor noch dickflüssig im Raum geschwebt war, löste sich auf und machte noch mehr Platz für das Licht, das sich durchs Fenster drängelte.

Hier begann jetzt der Tag, während ich ihn gerade schon verbracht hatte. Von mir aus hätte es gleich wieder dunkel werden können, aber mir knurrte der Magen und ich wollte raus aus der Wanne. Meine Haut fühlte sich an wie Krepppapier. Sie erinnerte mich an die Haut meiner Mutter.

Ob ich soeben geträumt hatte oder nicht, dachte ich, das Mädchen aus dem Irish Pub hatte recht. Meine Mutter wird sterben. Vielleicht war sie längst tot. Aber ich wollte es nicht wissen. Ich war mir sicher, dass der Tod von allen Richtungen aus betrachtet gleich aussehen würde. Und gerade den Tod von Mutter hatte ich längst gesehen. Vielleicht sogar schon in dem Moment, in dem ich auf die Welt gekommen war. Dass ausgerechnet sie mir das Leben gegeben hatte, war eigentlich unvorstellbar. Mutter, die starre Puppe mit dem roten Haar.

Besonders tot war sie in der Zeit gewesen, in der ich bei Großvater glücklich wurde. Wenn niemand mehr über sie gesprochen oder mich an sie erinnert hätte, wäre ich selbst vielleicht erst auf meinem eigenen Sterbebett darauf gekommen, dass es da mal jemanden gegeben hatte.

Wieso sollte ich weiter an Mutters Sterbebett sitzen? Bestimmt starb es sich ohne mich viel leichter. Sie war mich ja gar nicht mehr gewohnt. Und selbst wenn es, ganz im Gegenteil, schwerer sein sollte, ganz allein in einem Krankenbett das Leben loszulassen, dann gönnte ich ihr diesen Kampf.

Es tat weh, diese Gedanken durch den Kopf zu schieben. Ich mochte sie nicht. Ich wollte andere Gedanken haben. Welche, die sich nicht um Mutter drehten. Ich wollte leben und nicht schon wieder neben Mutter zugrunde gehen. Sie war mein Leben lang gestorben. Sie hatte es schon so lange direkt vor meinen Augen praktiziert, als ich nicht wollte, dass sie starb. Nun sollte sie, genauso allein, wie ich mich damit gefühlt hatte, selbst damit zurechtkommen. Ich wollte nicht mehr ihr Publikum sein.

Großvater lag mit geöffneten Augen im Bett, das konnte ich von hier aus spüren. Vermutlich hörte er schon eine ganze Weile dem Plätschern des Wassers zu.

„Großvater?", sagte ich.

„Ja."

Seine Stimme schwang sich um die Ecke herum. Ich kannte sie so genau und war doch immer wieder aufs Neue überrascht von ihrer Wärme.

Ich war mir sicher, dass er längst wusste, was ich ihm sagen wollte. Und ich wusste auch, was er antworten würde. Ich hätte gar nichts sagen müssen, aber ich tat es trotzdem, weil es dadurch noch wahrer und wichtiger wurde: „Ich vermisse Charlie. Lass uns bitte nach Hause fahren!"

Als wir im Auto saßen, konnte ich mir nicht vorstellen, jemals wieder aussteigen zu wollen. Ich wollte mein gesamtes restliches Leben lang durch Landschaften fahren und sie erfrieren und erblühen sehen, die Städte im Vorbeifahren betrachten. Sollte man sie doch immer weiter bauen und einreißen, alles einmal von A nach B tragen, um es Wochen später wieder nach A zurückzubringen. So unsinnig das Leben auch sein mochte, ich wollte dabei sein! Ich wäre immer zur Stelle und würde dabei zusehen, wie das Wetter sich verhielt. Jetzt, wo ich mich so ausgiebig mit dem Tod beschäftigt hatte, wäre ich die beste Beobachterin des Lebens. Wir rollten geradewegs darauf zu.

Am Ende der Autobahn stand Charlie, in ihrem schwarzen Anzug, mit dem sie immer passend gekleidet war, selbst jetzt. Charlies Anzug, eine elegante zweite Haut, die ich gern anfassen wollte, um sicherzugehen, dass alles noch da war, dass alles ganz echt war, dass sie in ihrem Anzug steckte und in dieser Welt. Stattdessen drehte ich ihren Ring an meinem Finger und hörte meinem Herz beim Schlagen zu.

Mitten auf der Autobahn veränderte sich das Wetter. Plötzlich regnete es. Der Rückspiegel füllte sich mit einer grauen, konturlosen Masse, aber spätestens, wenn wir am Horizont angekommen wären, würden wir wieder an den Sommer denken. Vielleicht würde er dort sogar schon auf uns warten.

Die Scheibenwischer sorgten abwechselnd für verschwommene und für klare Sicht. Man hätte meinen können, wir wären auf einem Fluss unterwegs. Die Straße strömte uns voraus in die richtige Richtung. Wir folgten ihr und hörten dem Regen beim Rauschen zu.

Im Radio lief Peggy Lee. Großvaters Lieblingssängerin. Wenn er Großmutter nicht getroffen hätte, dann wäre er – da bin ich mir sicher – losgefahren, hätte Peggy Lee ausfindig gemacht, sich vor sie hingekniet und ihr einen Heiratsantrag gemacht. Für keine andere Person schwärmte er so sehr wie für sie. Nur ein einziger Ton reichte aus, dass er sie erkannte. „I'm beginning to see the light." Aber wenn sie sang, sang er niemals mit. Er wollte keines ihrer Worte verpassen. Aber ich war mir sicher, dass er jedes Lied auswendig kannte.

Eine ganze Zeit lang flog ein Vogel direkt neben meinem Fenster her. Leider konnte ich nicht sagen, welche Art Vogel es war. Nur, welche es nicht war. Zum Beispiel war es keine Taube und auch kein Rabe. Eine Möwe war es nicht und kein Reiher. Aber dann hörte mein Vogelwissen auch schon auf.

Diesem Tier würde nicht das Benzin ausgehen. Es konnte seine Freiheit ausleben, wann immer es wollte. Ich hätte Großvater gern gefragt, ob er wusste, um welchen Vogel es sich handelte, der uns da, so herrlich passend zur Musik, begleitete, aber ich wusste ja, dass er den Blick nicht von der Straße abwenden würde.

Ob es vielleicht Papa war, der da neben uns herflog? Ich hatte nie über Wiedergeburten nachgedacht, aber in diesem Moment tat ich es. Was wollte dieser Vogel sonst von uns, vor allem bei dem Wetter? Wieso versteckte er sich nicht an einem trockenen Ort? Irgendetwas stimmte doch da nicht! Ob ich wissen würde, dass Mutter gestorben war, wenn der zweite Vogel auftauchen würde? Und ob sie mich dann immer verfolgten?

Ich dachte an den Wellensittich, den ich einmal hatte. Er war dick und blau und trug den Namen Eddi.

„Du hast Eddi niemals kennengelernt", sagte ich zu Großvater, „das ist ein Jammer. Soll ich dir von ihm erzählen?"

Großvater starrte auf den Fluss, auf dem wir fuhren, und nickte.

„Eines Tages hat er plötzlich auf unserem Balkon gesessen. Er sah sehr verstört aus und hat aufgeregt mit den Flügeln geflattert. Aber weil er in einer Ecke saß, knallten die Flügel immer wieder gegen die Wände. Ich hab mich zu ihm hingehockt und ihm gut zugeredet, aber er beruhigte sich einfach nicht. Also hab ich ihn in die Hände genommen und ins Wohnzimmer auf den Teppich gesetzt, wo er gleich ein paar Kugeln Kot fallen ließ.

Eigentlich wollte ich nicht, dass Mutter ihn gleich bemerkte, aber was ich nicht bedacht hatte, war, dass er auch drinnen nicht aufhören würde, zu kreischen. Kurz nachdem ich ihn also in die Wohnung gelassen hatte, hörte ich sie hinter mir sagen: ‚Hast du jetzt ein Helfersyndrom?‘

Ich dachte: Es gibt also Dinge, die sie von ihrem Küchenfenster weglocken können, dann sollte ich vielleicht häufiger Tiere retten.

Mutter sagte: ‚Wir haben keinen Käfig. So ein Vogel gehört in einen Käfig, aber wir haben keinen. Lass ihn besser wieder raus!‘ Dann hat sie sich umgedreht und ist zurück in die Küche gegangen.

‚Besser wieder raus?‘, rief ich ihr hinterher. ‚Du meinst, draußen hätte er es besser?‘

Aber sie schrie nur zurück: ‚Ja, genau das meine ich!‘

Dann saß ich da, mit diesem winzigen Tier vor mir, das quer über den Teppich tapste und immer noch unkoordiniert mit den Flügeln schlug. Ich hab mir vorgestellt, wie ich es über die Balkonbrüstung fallen lasse und dabei zusehe, wie es zehn Stockwerke tiefer mit ausgebreiteten Flügeln aufprallt und zu einem matschigen Blutfleck verkommt. Wie ein paar Minuten später eine der räudigen Katzen vorbeischlendert und mit ihrer Pfote daran herumspielt. Oder wie ich mit dem Fahrstuhl nach unten fahre und den Vogel vor der Haustür in die Freiheit schicke. Und wie er sich von dort aus zu Fuß auf die Suche nach seinem Zuhause macht.

Ich habe mich damals gefragt, ob es jemals einen Wellensittich gegeben hat, der sein Zuhause wiedergefunden hat. Einen, der, nachdem er aus Versehen in die Freiheit geflattert war, sich Tage später auf die richtige Fensterbank gesetzt und mit dem Schnabel gegen die Scheibe geklopft und gesagt hat: ‚Hallo, da bin ich wieder.‘ Ich kann es mir beim besten Willen nicht vorstellen.“

„Ich auch nicht“, sagte Großvater.

„Diesen Wellensittich jedenfalls, ich habe ihn Eddi genannt, trug ich in mein Zimmer. Das erste Mal in meinem Leben habe ich nicht das gemacht, was Mutter mir befohlen hatte. Ich bin einfach hinter ihrem Rücken vorbei durch den Flur gegangen und habe den zwitschernden Vogel in mein kleines Zimmer getragen. Ich hab ihn auf mein Kopfkissen gesetzt. Es wäre mir egal gewesen, wenn er auch dort seine Schließmuskeln nicht unter Kontrolle gehabt hätte. Von mir aus hätte er die ganze Wohnung zuscheißen können.

Mutter war an ihrem Fenster stehengeblieben. Und ich hatte jetzt ein Haustier mit kaputten Flügeln.

Eddi kam erst abends, als ich am Esstisch saß, wieder zur Sprache. Wieso ich ihn nicht wieder nach draußen gelassen hätte, hat Mutter gefragt, ob sie nicht eindeutig gewesen sei. Papa hat zwischen Mutter und mir hin und her geschaut, also wusste ich, dass Mutter ihm nichts von Eddi erzählt hatte, als er nach Hause gekommen war.

Ich sagte, dass ich ihm einen Käfig bauen würde, wenn das immer noch die einzige Bedingung sei. Ich war total stolz auf mich, dass ich Mutter zum ersten Mal Kontra gab, und fragte mich, wieso ich das nicht schon früher gemacht hatte.

‚Aber das ist nicht meine einzige Bedingung‘, sagte Mutter dann. ‚Der Vogel könnte eine Krankheit hereingeschleppt haben. Ich möchte, dass du ihn entsorgst.‘‘

„Was für ein Unsinn!“, rief Großvater dazwischen. „Entschuldige, ich wollte dich nicht unterbrechen, erzähl weiter!“

Also erzählte ich weiter.

„Ich schlug vor, ihn zum Tierarzt zu bringen. Wenn er wirklich krank sei, sollte man ihm vielleicht lieber helfen, anstatt ihn – wie Mutter sagte – zu entsorgen. Aber plötzlich hakte Papa sich ins Gespräch mit ein. Ich solle den Vogel doch mal herbringen, er würde ihn auch gerne sehen, damit er mitreden könne und so weiter und so fort. Mutter hat mit den Augen gerollt. Sie hatte anscheinend nicht mit so einer Reaktion von Papa gerechnet.

Ich ging schnell in mein Zimmer, damit Papa es sich in der Zwischenzeit nicht anders überlegte, und hielt Eddi meinen Finger hin. Vertrauensvoll hievte er sich darauf und ließ sich von mir an den Küchentisch tragen. Ich hab ihn auf meinen Tellerrand gesetzt und er fing sofort damit an, an meinem Graubrot zu picken. Als ich aufsah, war es ein absurdes Bild. Papa lächelte, während er Eddi beim Futtern zusah, und Mutter wirkte alles andere als erfreut. Ganz im Gegenteil, sie sah angewidert aus. Tatsächlich so, als hätte sie Bedenken, dass der Vogel uns mit einer Seuche anstecken könnte.

So oder so war es nun beschlossene Sache, das wusste ich ab dem Moment, in dem Papa gelächelt hatte. ‚Lass sie doch dieses kleine Vögelchen haben!‘, sagte er zu Mutter. ‚Immerhin ist es kein Hund, der ständig Gassi gehen muss.‘

Mutter sagte nichts. Ihr Gesichtsausdruck war Antwort genug.

Aber weil Papa neben ihr saß und das nicht sehen konnte, sagte er: ‚Weißt du was, du brauchst keinen Käfig zu basteln, das ist sowieso viel zu schwer. Ich werde dir einen kaufen.‘

Eigentlich wollte ich gar nicht, dass Eddi einen Käfig bekam. Wenn er einen haben musste, nahm ich mir vor, die Tür immer offen stehen zu lassen. Die Wohnung war doch Käfig genug. Aber am nächsten Tag hat Papa dennoch den versprochenen Käfig mitgebracht.

Er hatte sich im Geschäft beraten lassen. Im Käfig gab es alles, was so ein Wellensittich angeblich brauchte. Eine Stange zum Sitzen, einen Spiegel, einen Plastikvogel, auf den Eddi irgendwie extrem einhackte, einen Wasserbehälter und einen Fressnapf. Auch Futter hatte er mitgebracht.

Mutter stand in der Tür, während wir den Käfig aufstellten. Sie sagte nichts, sondern schaute uns wortlos über die Schultern. Ich hätte es lustig gefunden, wenn Eddi ihr vors Gesicht geflogen wäre, damit sich darin irgendetwas regte. Aber erstens hackte er lieber auf seinen neuen Kameraden ein und zweitens konnte er ja gar nicht fliegen.

Aber er konnte sein Interesse bekunden. Allerdings hatte er für Mutter keins übrig. Er interessierte sich eigentlich nur für mich. Wenn ich nach Hause kam, zwitscherte er immer laut los und wartete darauf, dass ich zu ihm kam und ihn mir auf die Schulter setzte. Er ließ sich liebend gern durch die Wohnung tragen und war überall dabei. Er gehörte schnell zu uns dazu, aber Mutter schien das anders zu sehen. Ihr Gesichtsausdruck hatte sich überhaupt nicht verändert. Sie blieb Eddi gegenüber angewidert und ließ sich so deutlich wie möglich anmerken, dass sie ihn nicht mochte."

Großvater hörte aufmerksam zu. Trotzdem fragte ich: „Soll ich weitererzählen?"

„Ja, bitte!", antwortete er. „Ich hab zwar Angst vor dem Ende, aber ja, bitte erzähl weiter!"

„Am Abend habe ich immer ein Tuch auf Eddis Käfig gelegt, in dem er erstaunlich gern saß, wenn es draußen dunkel wurde. Trotzdem hab ich mich immer geschämt, wenn Papa mir seinen Gute-Nacht-Kuss brachte. Das waren die einzigen Momente, in denen ich mir wünschte, Eddi wäre nicht da.

Manchmal blieb Papa so lange auf mir liegen, dass ich Angst hatte, er könnte einschlafen und mich dabei ersticken. Sein Brustkorb drückte mir immer auf die Seele. Und die ganze Zeit hab ich mich gefragt, was Eddi denken musste, dort unter seinem Tuch. Er hat nie einen Mucks gemacht, wenn das Tuch auf seinem Käfig lag. Papa hätte mich auch umbringen können –

Eddi hätte geschwiegen, solange nur das Tuch über seinem Käfig hing.

Eines Tages jedenfalls kam ich von der Schule. Auf dem Heimweg hatte ich zum ersten Mal darüber nachgedacht, ob ich Eddi ein paar Würmer mitbringen sollte, ob er sie überhaupt fressen würde. Ich nahm mir vor, es wenigstens mal zu versuchen, aber nicht heute. Es war einer der längeren Schultage gewesen, an denen Eddi sich bestimmt schon fragte, wo ich blieb.

Der Fahrstuhl kam oben in der Zehnten an und da hatte ich schon ein mulmiges Gefühl. Als hätte sich die Stille, die aus unserer Wohnung drang, durch den Türschlitz gequetscht und sich auch im gesamten Hausflur ausgebreitet.

Ich hab den Schlüssel ins Schloss gesteckt und die Tür aufgeschoben und dann ließ ich sie, so geräuschvoll ich konnte, zufallen. Aber Eddi zwitscherte nicht.

Also rief ich seinen Namen, aber er reagierte einfach nicht. Während ich zu meinem Zimmer ging, zog es mich eigentlich rückwärts wieder aus der Wohnung raus, ich wollte nicht wissen, was passiert war. Ich wollte es nicht, aber ich bewegte mich wie ein Roboter diesen Flur entlang, der mir vorher und auch danach nie wieder länger vorgekommen war als in diesem Moment. Und dann endlich stand ich in der Tür meines Zimmers."

Großvater drehte sein fragendes Gesicht zu mir. Es dauerte einen Moment, bis mir auffiel, was genau daran komisch war.

„Hey!", sagte ich. „Ich dachte, man wendet niemals den Blick von der Straße?"

Ruckartig sah er wieder geradeaus, so wie Rosa, wenn sie einen Befehl bekam.

„Was war denn passiert?", fragte Großvater so besorgt, als ließe sich der Ausgang dieser Geschichte noch steuern.

„Na ja", sagte ich, „ich stand in meinem Zimmer und der Käfig war leer. Kein Eddi war zu sehen, genauso wie ich es befürchtet hatte. Ich ging zurück in den Flur, vielleicht rannte ich auch, bis zurück zur Küche, in die ich gar nicht hineingesehen hatte, als ich zu Hause angekommen war. Und dort waren sie natürlich alle versammelt. Mutter, Papa und der kleine Eddi.

‚Ich hab dir ja von vornherein gesagt, dass er krank ist‘, hat Mutter gesagt.

Und Papa sagte: ‚Es tut mir leid, Liebes!‘

Als wäre ich total bescheuert, hab ich den Vogelkörper angestarrt, und obwohl er sich nicht bewegte, verstand ich einfach gar nichts.

‚Was tut dir denn leid?‘, hab ich Papa gefragt. ‚Was ist denn passiert?‘

‚Er hat sich auf ihn draufgesetzt‘, sagte Mutter so schnell, dass ich erst nicht sicher war, ob sie das wirklich gesagt hatte.

Aber gleichzeitig haben erst ihre Worte dafür gesorgt, dass sich irgendeine Art von Logik ergab. Ich hab regelrecht das Klicken der Puzzleteile in meinem Kopf gespürt. Papas Arsch war Puzzleteil eins, der zerquetschte Eddi Puzzleteil zwei. Aber trotzdem war das Bild noch nicht vollständig. Mit einer extremen zeitlichen

Verzögerung war meine nächste Frage in Zeitlupe aus dem Keller meines Körpers rauf in meine Kehle gerollt: ‚Aber wie konnte das passieren?‘, hab ich gefragt."

Wieder wendete Großvater den Blick von der Straße ab und sah mich mit diesen Augen an, die wirkten, als hätte man sie soeben aus dem tristen Himmel herausgeschnitten und ihm ins Gesicht geheftet. Ich richtete wortlos den ausgestreckten Zeigefinger auf die Straße und sein Kopf folgte der Bewegung.

Aber da passierte gleichzeitig noch etwas. Es hörte mit einem Schlag auf zu regnen. Von einer Sekunde zur anderen waren wir durch einen Vorhang gefahren und plötzlich war es still und hell. Die Scheibenwischer, die sich immer noch auf höchster Stufe bewegten, begannen zu quietschen. Großvater schaltete sie hektisch aus. Ich musste fast die Augen zusammenkneifen, so blau war der Himmel mit einem Mal. Als hätten wir soeben das Land gewechselt.

Ich stellte mir vor, wie es ausgesehen hätte, wenn wir zu Fuß unterwegs gewesen wären. Wenn wir durch ebendiesen Vorhang von einem nassen Dorf in ein trockenes Dorf gelaufen wären und dabei Abdrücke auf dem Asphalt hinterlassen hätten.

Im Rückspiegel bäumte sich bedrohlich eine schwarze Wand auf. Dass wir sie überhaupt durchbrechen konnten, kam mir mysteriös vor.

Ich sah Großvater an. Sein Mund stand offen. „Meine Güte", sagte er, „wenn das mal kein Zeichen ist."

Es fühlte sich so an, als hätte das Auto mehr Schwung als zuvor. Ich wollte unbedingt weiter, immer weiter weg von dem Schatten, der uns im Rücken hing. Ich wollte keine alten Geschichten mehr erzählen, sondern neue erfinden. Aber Großvater wollte die Geschichte von Eddi zu Ende hören.

„Aber wie ist Eddi auf den Stuhl gekommen, wenn er doch gar nicht fliegen konnte?", fragte er.

„Eben das habe ich mich auch gefragt", sagte ich. „Und auch meine Eltern habe ich das gefragt: ‚Wie ist Eddi denn auf den Stuhl gekommen?' Aber darauf haben sie mir nicht geantwortet. Also habe ich noch einmal gefragt: ‚Wie ist Eddi denn auf den Stuhl gekommen?' Aber sie antworteten mir nicht. Da habe ich nicht mehr aufgehört, die Frage zu stellen. Ich habe sie gerufen und geschrien: ‚Wie ist Eddi denn auf den Stuhl gekommen?'

Es hat so wehgetan, dass niemand etwas sagte. Es tat viel mehr weh als Eddis Schweigen, als er nachts unter seinem Tuch im Käfig gesessen hatte.

Ich hab seine Leiche in meine Hände genommen und sie in mein Zimmer getragen. Ich weiß noch, dass ich mir vorgenommen habe, nie wieder da herauszukommen.

Den ganzen Abend lang habe ich dagesessen und alles genau vor mir gesehen. Wie ich zur Schule gegangen war, wie Mutter allein zu Hause ihren Plan geschmiedet und ihren Ekel Eddi gegenüber überwunden haben musste. Wie sie in mein Zimmer gegangen war, sich den Vogel auf den Finger gesetzt hat oder wahrscheinlich eher auf einen Stift, den sie zwischen ihre mageren Finger geklemmt hat, ihn in die Küche gebracht, dort auf den Stuhl gesetzt und auf Papas Heimkehr gewartet hat. Wie sie ihm einen Tee hingestellt hat und solch ein Glück gehabt haben muss, dass Eddi, aus welchem Grund auch immer, keinen Mucks von sich gegeben hat. Und wie Papa sich, erschöpft von der Arbeit, auf ihn draufgesetzt haben und gleich wieder hochgeschreckt sein muss, als er bemerkte, dass da etwas unter ihm war, und wie es da aber schon zu spät gewesen sein muss. Wie er Mutter bestimmt angeschrien hat, was sie sich dabei gedacht hätte, ob das ihr Ernst sei, wie er bestimmt gesagt hat, dass er mir einen neuen Vogel kaufen würde, und wie sie ihn da angefleht haben wird, dass er das bitte, bitte nicht tun solle, dass ich mit Sicherheit darüber hinwegkäme, bestimmt hat sie sich vor seine Füße gekniet, bestimmt hat er sie dann gebeten, wieder aufzustehen, und bestimmt haben sie in diesem Moment gehört, wie ich die Tür aufschloss.

So ungefähr muss es gewesen sein", sagte ich.

Großvater nickte.

„Einen Monat später hat Mutter dann aber bemerkt, dass der Vogel nicht ihr einziges Problem war", sagte ich. „Einen Monat später nämlich haben sie mich zu dir gebracht."

Rosa gähnte laut von hinten. Sie setzte sich auf und streckte ihren langen Rücken.

Ich war Rosa schon des Öfteren dankbar gewesen, dafür, wie sie mich aus solchen Momenten befreite, in denen selbst die Luft eine schwere Masse war, die gegen das Herz drückte.

Wenn sie nur deutlich machte, dass sie noch da war, mit einem Geräusch oder indem sie mich streifte, dann war ich wieder ganz bei Sinnen und wollte mich nicht weiter in vergilbten Erinnerungen aufhalten.

„Lass uns rausfahren", sagte ich, „sie wird sicher mal müssen."

„Ist gut", sagte Großvater.

Wir schlurften über den windigen Rasthof und ich hakte mich bei Großvater unter. Rosa entfernte sich dezent hinter den einzigen Busch, der weit und breit zu sehen war, und wir liefen im Slalom zwischen den parkenden LKW hindurch, die brav innerhalb der Markierungen standen. Ich setzte meine Schritte immer auf die weißen Linien.

Ich spürte, dass es Großvater schwerfiel, Schritt zu halten. Zum ersten Mal fühlte ich mich schlecht, ihn an seinem Lebensabend mit all diesen Problemen zu konfrontieren. Was hätte er ohne mich wohl für ein Leben gehabt? Ob er sich manchmal danach gesehnt hatte, es herauszufinden?

Als wir zurück am Auto waren, setzte ich mich wieder ans Steuer und fuhr uns durch den alten Februar, der sich sichtlich Mühe gab, den Staffelstab an den März zu übergeben, immer weiter in unser altes neues Leben zurück.

Wir schalteten das Radio ein und ließen Hit für Hit aus den Boxen krachen. Sie salbten unsere Ohren, unser Innenleben, sie schoben unsere jüngsten Erinnerungen in die hintersten Winkel unserer Köpfe. Ich trommelte den Rhythmus der Lieder auf dem Lenkrad mit und stellte mir vor, wie alle anderen, in den Autos vor und hinter uns, gerade zeitgleich dieselben Melodien sangen. Wie auf dieser Autobahn insgeheim ein riesiger Chor fuhr, hätte man nur bei allen Autos die Fenster heruntergelassen. Man hätte hören können, wie zig Menschen mit derselben Intensität wie Cindy Lauper höchstpersönlich „Girls just want to have fun" sangen. Es fühlte sich überwältigend an. Ohne es zu hören, wusste ich, dass es genau so war.

Der Sender hielt sich die letzten Kilometer. Es dämmerte mit Blondie. Durch die Dunkelheit fuhren wir mit Iggy Pop.

Als ich schon dachte, mein Fuß wäre ein schwerer Stein, den ich womöglich nie mehr vom Gaspedal bewegt bekäme, da sorgte die Welt, die mir viel vertrauter vorkam als die, in der wir eben noch waren, dafür, dass es mir ganz leichtfiel, die Pedale zu bedienen, und ich lenkte uns Kurve um Kurve immer näher heran an unser Zuhause.

Als ich in unsere Straße einbog, schob sich Großvater in eine aufrechte Position. Keine Ahnung, ob er schon einmal so lange von zu Hause fort gewesen war. Er machte sich sichtbar, als ob er hoffte, dass das Haus ihm winken würde, wenn es ihn erkannte.

Ich parkte viel zu nah vor dem Gartenzaun, sodass ich nicht mehr aussteigen konnte. Als ich die Tür öffnen wollte, knallte sie direkt gegen das Holz. Also kletterte ich über den Beifahrersitz aus dem Wagen. Als ich Rosa die Tür öffnete, begann sie zu fiepen und ihr Schwanz wedelte rasend schnell, als ihre Schnauze zum Boden ging.

Ich wollte nur noch die Treppen hinaufsteigen und mich so, wie ich war, quer hinein in mein Bett legen.

Großvater steckte den Schlüssel ins Schloss, drehte ihn zwei Mal herum, aber als er die Tür öffnen wollte, stieß er auf Widerstand. „Wieso klemmt denn jetzt die Tür?", brummte er. Er zog sie zu sich heran und drückte dann erneut mit Kraft dagegen, aber sie bewegte sich nicht. Als Nächstes nahm er seine Schulter zu Hilfe. Keine Chance. Ich fragte, ob ich es mal versuchen sollte, und schob ihn zur Seite. Aber ich hatte dasselbe Problem. Die Tür ging nicht auf.

Rosa winselte. Als ich die Tür losließ, sprang sie daran hoch und ließ ihre Pfote auf die Klinke fallen. Aber auch das brachte nichts. So kamen wir nicht hinein.

Wie ein Einbrecher dachte ich darüber nach, ob es nicht ein Kellerfenster gab, über das wir einsteigen konnten, oder irgendeine andere Möglichkeit, die nicht bedeuten würde, dass wir gleich eine Scheibe einschlagen mussten.

Es war so finster und natürlich hatten wir keine Taschenlampe dabei. Ich ging zurück zum Auto, kletterte wieder hinein, stellte den Wagen frontal vors Haus und schaltete das Fernlicht ein.

Unser Haus sah genauso aus, wie wir es verlassen hatten. Es gab absolut keinen Hinweis darauf, wieso sich die Tür nicht öffnen ließ. Ich sah jeden einzelnen Fleck in dem grellen Licht. Zum Beispiel Rosas Pfotenabdrücke an der Haustür, aber warum die Haustür nicht aufging, das sah ich nicht.

Großvater stemmte die Fäuste in die Hüften und starrte die verschlossene Tür an. Im Scheinwerferlicht sahen seine Augenringe aus, als hätte sie ihm jemand professionell ins Gesicht geschminkt. Fast schon Angst einflößend. Wenn ich die Tür gewesen wäre, hätte ich mich jetzt schleunigst bewegt. Aber ich war nicht die Tür, und deshalb blieb sie verschlossen.

„Wir brauchen Werkzeug", sagte Großvater, als er sich ins blendende Licht des Autos umdrehte.

Ich öffnete den Kofferraum und kramte alles zusammen, was ich finden konnte.

Rosa schien zu befürchten, dass wir gleich wieder losfahren würden. Sie setzte sich demonstrativ auf den Rasen. Ich hätte mich gern dazugesetzt oder besser noch hingelegt. Ich fühlte mich wie der Pinocchio, der früher in der Spielzeugkiste in Großvaters Haus gelegen hatte. Er hatte gänzlich aus Holz bestanden und man konnte seine Gliedmaßen beliebig verdrehen. Wenn man es nicht gut mit ihm meinte, konnte er ganz verschroben aussehen, mit Füßen, die in die falsche Richtung zeigten, und Armen, die auf dem Rücken gefaltet waren. Als Großvater bemerkt hatte, was ich da tat, war er laut geworden und hatte gesagt: „Na, willst du auch mal so aussehen, dann mach nur so weiter!"

Die nächsten Male, die ich den Pinocchio wieder so verdreht hatte, hatte ich mir vorgestellt, wie sich das anfühlen musste. Ich wollte so genau wie möglich die Schmerzen nachempfinden, sodass ich die Arme immer noch weiter herumdrehte, bis am Ende einer von ihnen abbrach und ich in der einen Hand den Pinocchio und in der anderen seinen Arm gehalten hatte. Und da endlich hatte ich den Schmerz gespürt. Und ich war mir sicher, dass Großvater bald so mit mir und meinem Arm dastehen würde.

Um etwas Zeit zu gewinnen, hatte ich ihn verschwinden lassen. Immer woanders hin, weil mir die Verstecke jeden Abend aufs Neue zu unsicher vorgekommen waren. Erst unter die Matratze, dann hatte ich ihn hinter die Heizung geklemmt. Zum Schluss lag er in der Schublade unter meinen Sachen. Und als die Ferien endlich vorbei waren und ich die Tage überstanden hatte, in denen ich befürchtete, dass Großvater mir den Arm abbrechen würde, wenn er nur den Pinocchio zu Gesicht bekäme, da war ich bereits abgereist. Ich hatte den kaputten Pinocchio in meinen Koffer gesteckt und ihn schlussendlich in eine der Mülltonnen zwischen den Hochhäusern geschmissen.

Großvater hatte mich nie wieder nach Pinocchio gefragt. Ich war mir sicher, dass ihm gar nicht aufgefallen war, dass er fehlte.

Ich brachte ihm den Werkzeugkoffer und stellte mich so hin, dass mein Schatten nicht auf der Tür lag, die er nun versuchte aufzubrechen. Ich betrachtete die schwarzen Flächen, die wir allesamt verursachten. Rosas Schatten war der mächtigste. Eigentlich sah er aus, als wäre sie ein überdimensional großer Wolf. Wenn ich mich umdrehte, war ich ganz gerührt von ihrem tatsächlichen Aussehen, davon, wie winzig sie im Vergleich zu ihrem Schatten wirkte, während sie auf der Wiese saß und weiter protestierte.

Je mehr ich mich vom Haus entfernte, desto größer wurde auch mein Schatten. Ich hob meine Pinocchio-Arme und streckte sie ganz nach oben aus, bis der Schatten meiner Arme die Giebel berührte. Dann knickte ich einen Arm zur Hälfte ein, um zu sehen, wie ich heute aussehen würde, wenn Großvater ihn mir abgebrochen hätte. Dann knickte ich den anderen ein, um zu sehen, wie ich aussehen würde, wenn er mir beide Arme abgebrochen hätte. Das war ziemlich furchteinflößend. Nicht *ein* Sterbenswörtchen würde ich heute noch mit ihm sprechen, wenn er das gemacht hätte, dachte ich.

Schnell ließ ich die Arme wieder herunterfallen. Das fühlte sich gut an. Alles noch da. Ich stand kerzengerade auf der Schattenwand.

Großvater hatte sich nach vorn gebeugt und bekam von alledem nichts mit. Er bearbeitete das Schloss. Fast sah es so aus, als würde er hineinkriechen wollen.

Ich atmete einmal tief ein und aus und setzte mich auf die Verandabrüstung. Rosa kam zu mir herauf und legte sich vor mich hin. Sie schien zu verstehen, dass wir genauso gern ins Haus hineingehen wollten wie sie.

„Was meinst du, was da hinter der Tür los ist?", fragte ich Großvater.

„Ich hoffe, es klemmt bloß das Schloss", antwortete er.

Was wohl die Nachbarn dachten, wenn sie uns hier so sahen? Oder wussten sie vielleicht, warum wir nicht in unser eigenes Haus hineinkamen? Hatten sie etwas beobachtet, oder waren sie selbst daran schuld? Niemand schien sich gestört zu fühlen von dem blendenden Licht. Auch Frau Keller kam nicht nach draußen und fragte, ob sie helfen könne. Alle Fenster waren dunkel. Nirgends regte sich etwas. Mittlerweile war es nach Mitternacht. Alle schliefen, nur wir nicht.

Ich schaute die Straße hinunter. Die Laternen sahen aus, als hätte jemand Teelichter hinter Orangenschalen gestellt. Ich liebte dieses Licht. Es sah aus, als würde darin die Schlüsselszene eines romantischen Films gedreht werden. Besonders romantisch sah es aus, wenn es zusätzlich Nebel gab. In dieser Nacht war es aber nicht neblig. Bestimmt war der Himmel sternenklar. Aber ich saß im Scheinwerferlicht und ließ mir mein müdes Gesicht ausleuchten.

Auf dem Rasen konnte ich die ersten Schneeglöckchen erkennen. Ob sie des Fernlichts wegen dachten, es wäre Tag? Ob ich sie damit geweckt hatte? Ob ich, wenn ich nah genug herangehen würde, sehen könnte, wie sie die Blüten öffneten? Ob sie wieder einschliefen, wenn ich das Licht ausschalten würde?

Aber ich konnte über die Schneeglöckchen denken, was ich wollte, mir ging der Pinocchio nicht mehr aus dem Kopf. Es war, als spürte ich die Schmerzen von damals noch einmal in der gleichen Intensität. Meine Arme waren aus Holz und ich sah Großvaters böses Gesicht vor mir. Ich hörte sein lautes, tiefes Lachen und spürte einen zehn Jahre alten Schauer meinen Nacken hinaufsteigen.

Im gleichen Moment krachte etwas. Und der neue Großvater brummte. Ich sah zu ihm hin. Die Tür war offen. Er hatte es geschafft. Aber gerade als ich mich freuen wollte, erkannte ich, dass es einen Grund dafür gab, dass sie nur einen Zentimeter weit offenstand. Ich sah eine dunkle Wand direkt hinter der Tür stehen. Jemand musste diese Wand dahin geschoben haben.

Ich sprang vom Geländer herunter und schob die Wut, die ich eben noch dem alten Großvater gegenüber empfunden hatte, in meine Pinocchio-Arme und stemmte sie und meinen restlichen Körper mit aller Kraft gegen die Tür. Hinter mir hörte ich Rosas Hecheln und neben mir Großvaters Keuchen. Wir waren ein verdammt gutes Team. Wir drückten uns gemeinsam gegen die alten Bilder.

Was auch immer es war, gegen das wir uns da stemmten, es war schwer. Aber nicht schwer genug, als dass wir es nicht bewegt bekamen. Ein Einbrecher hätte jetzt sicherlich aufgegeben. Aber wir wollten einfach nur nach Hause und hätten uns noch eine Woche lang gegen die verdammte Tür gestemmt, bis sie endlich aufgegangen wäre. Großvater machte trotzdem eine Pause. Dabei senkte er für einen Moment den Kopf, wodurch das Fernlicht eine Stelle freigab, die das Rätsel löste.

„Schau!", sagte ich und zeigte mit dem Finger auf einen angestrahlten Zettel, der hinter dem Türspalt in der Luft zu schweben schien.

Ich sah genauer hin und erkannte jetzt die braune Wand, an der der Zettel klebte.

„Ach, es ist unser Schrank", sagte Großvater im gleichen Moment, in dem auch ich die Sache verstanden hatte.

Millimeter für Millimeter schoben wir unseren eigenen Wohnzimmerschrank in den Raum hinein, bis der Türschlitz endlich groß genug war, um hindurchzupassen.

Aber bevor wir wirklich hineingingen, standen wir bewegungslos vor unserem Werk und atmeten unsere

Aufregung, unsere Panik in einen erträglichen Rhythmus hinein. Bestimmt war es mittlerweile zwei Uhr.

Wir sagten nichts, flüsterten nicht einmal. Ich glaube, selbst Rosa war überrascht von der Situation.

Nun hatten wir den Schrank hinter unserer Haustür weggeschoben. Aber jetzt, wo das geschafft war, setzte die Fähigkeit ein, wieder logisch zu denken. Jemand musste den Schrank vor die Tür geschoben haben. Und da alle Fenster verschlossen waren, musste dieser Jemand sich noch immer im Haus befinden, wenn er nicht über den Schornstein geflohen war oder die Fähigkeit hatte, durch Wände zu gehen.

Plötzlich war ich mir nicht mehr sicher, ob ich eigentlich wollte, dass wir den Schrank von der Tür wegschoben. Aber wieder kam der Logik-Boomerang zu mir zurück und donnerte kräftig gegen meinen Schädel, steuerte meinen Blick zurück auf die Tür und gab mir zu verstehen, dass es dafür eindeutig zu spät war.

Ob Papa sich hier rächte? Oder Tim? Wer, außer dem Schrank, lauerte da noch hinter der Tür? Alle Menschen, vor denen ich mich einmal gefürchtet hatte, rüttelten an der Erinnerungsschublade in meinem Kopf. Niemals würde ich mich trauen, durch diesen Türschlitz zu gehen. In diesem Licht sah er aus wie eine perfekt ausgeleuchtete Bühne. Ich wusste nur nicht, auf welcher Seite das Publikum saß.

Natürlich war die Erinnerungsschublade längst aufgegangen und die Momente, die darin aufbewahrt waren, fielen wie einzelne Fotos, die niemand fein säuberlich in ein Album geklebt hatte, mit dem Gewicht von Vogelfedern aus ihr heraus. Ich stand nur da und sah ihnen dabei zu.

Aber bevor ich sie mir genau ansehen konnte, schritt Großvater ein.

„Sollen wir reingehen?", flüsterte er.

Mir rann der Schweiß von der Stirn. Wieso, um Himmels willen, hatten wir die Tür aufgemacht? Ich konnte

Großvater unmöglich alleine hineingehen lassen. Aber ich konnte ebenso unmöglich auch nur einen einzigen Fuß in diesen Türspalt setzen.

Ich schlug vor, noch etwas zu warten. Sollte Rosa doch die Sache wieder erledigen.

Als ich es laut sagte, wurde mir übel. Großvater reagierte nicht. Er schob die Tür noch weiter zurück. Plötzlich stieg mir das Lied von Peggy Lee ins Ohr. Es wurde richtig in mich hineingefadet und dann hörte ich sie deutlich singen:

„I never cared much for moonlit skies
I never wink back at fireflies
But now that the stars are in your eyes
I'm beginning to see the light".

In wessen Augen denn? Ich hatte wirklich keine Ahnung, was Großvaters Liebling mir damit sagen wollte. Wieso hatte er seine Peggy nicht bei sich behalten? Ging ihm das Lied jetzt ebenfalls durch den Kopf? War es Peggy Lee, die hinter der Tür stand? Hörten wir das Lied gar nicht innerlich, sondern kam es aus dem Haus?

Großvater räusperte sich. Als wäre es jetzt wichtig, eine klare Stimme zu haben! Ich fand das Räuspern lächerlich. Aber dann verstand ich, warum er es gemacht hatte. Er rief „Hallo?" in den Türspalt hinein.

Wenn jetzt Peggy Lee antwortete, dachte ich, wie würde er reagieren? Ich wünschte mir so sehr, dass es Peggy war, die uns hier diesen Schrecken einjagte.

Aber niemand reagierte.

„Hallo?", sagte Großvater erneut.

Nichts, außer dass Rosa sich nun ermutigt fühlte, die Sache in die Hand zu nehmen. Sie setzte sich in Bewegung und war so schnell im Haus verschwunden, dass ich gar keine Zeit hatte, mich zu entscheiden, wie ich das finden sollte.

Großvaters Augen trafen prompt auf meine. Aber ob nur ein Blick ausreichen würde, um herauszufinden, wer von uns beiden als Nächstes den Mut aufbringen würde, da hineinzugehen, war fraglich. Deswegen hielt ich seinem Blick nicht lange stand, sondern richtete meine Aufmerksamkeit wieder auf den Türspalt, in der Hoffnung, dass er mir die Entscheidung abnehmen würde.

Und letztendlich tat er das auch. Denn bislang hatten wir von drinnen kein einziges Geräusch gehört. Zwar konnte ich nicht wissen, ob das ein gutes oder ein schlechtes Zeichen war, aber was sollte mir schon passieren. Dass Rosa mit ihrem monströsen Wolfsschatten überhaupt ins Haus hineinpasste, grenzte an ein Wunder. Wie sollte ich darin nicht sicher sein können.

Ich machte einen großen Schritt, als ginge es darum, in einen Abgrund zu springen, zusätzlich nahm ich einen tiefen Atemzug und hielt die Luft so lange an, bis ich endlich drinnen war.

Ich sah Großmutters Schnapsgläser auf dem Esstisch stehen und auch die Karaffen. Der gesamte ehemalige Schrankinhalt stand kreuz und quer im Raum verteilt.

Hinter den Glastüren des Schranks erkannte ich stattdessen Bücher, DVDs und Videokassetten, den

Videorekorder selbst und sogar Kartoffeln. Ja, genauso hatte sich das angefühlt, als ich mich gegen die Tür gestemmt und sie Millimeter für Millimeter ins Haus hineingeschoben hatte.

Hinter mir hörte ich Großvaters Atem. Nun waren wir also alle im Haus.

Über meine nächsten Schritte dachte ich gar nicht mehr nach. Seitdem ich die Kartoffeln im Schrank gesehen hatte, war ich mir irgendwie sicher, dass hier weder Papas Leiche noch Tim auf uns warteten.

Mittlerweile wollte ich hauptsächlich wissen, wo Rosa war. Sie war nirgends zu sehen, und das Einzige, was ich hörte, war das Summen des Kühlschranks aus der Ferne.

Großvater folgte mir. Er hielt sich hinten an meiner Jacke fest.

Mittlerweile hatten wir das gesamte Erdgeschoss einmal durchquert und auch im Bad nachgesehen.

Als wir nun auf dem Weg zu meinem Zimmer waren, ärgerte ich mich, dass wir den Duschvorhang nicht zurückgezogen hatten. Vielleicht lag Peggy Lee in der Badewanne. Aber ich bekam den Mund nicht auf, wollte nicht mit Großvater diskutieren, darüber, dass es schlauer gewesen wäre, sich aufzuteilen. Ich war ja eigentlich froh, dass er direkt hinter mir war. Alleine wäre ich sicher nicht so weit gegangen. Aber dennoch hätte ich ihm gern etwas auf den Mund geklebt. Er würde uns mit seinem lauten Atem noch verraten.

Mittlerweile standen wir schon auf der vierten Stufe, hinauf ins Dachbodenzimmer. Wie gut, dass die Treppe nicht aus Holz, sondern aus Beton gebaut war. Da hatte Großvater wirklich mitgedacht. Immerhin, unsere Schritte gaben keinen Laut von sich.

Stufe für Stufe gingen wir hinauf. Ich hatte sie nie gezählt. Warum eigentlich nicht? Dann hätte ich jetzt gewusst, wie viele noch vor uns lagen. Aber eigentlich wusste ich es auch so. Ich kannte den Weg in- und auswendig. Ich spürte meine Füße gar nicht. Ich spürte überhaupt nichts.

Und genau in dem Moment, in dem ich plötzlich und vollkommen unbestimmt an Charlie dachte, einfach so, ohne ein konkretes Bild, da sah ich sie vor mir sitzen, und dieser Anblick verwandelte sich in einen wahnsinnig brennenden Schmerz.

Ich sah hinunter, zu meinen tauben Füßen, um sicherzugehen, dass ich die letzte Stufe wirklich genommen hatte. Dann sah ich wieder auf, und Charlie saß immer noch da. In der Mitte meines Bettes, mit dem Oberkörper vor- und zurückwippend, als wäre ihr kalt.

Links neben ihr, auf dem Kissen, glänzte etwas. Rechts neben ihr stand Rosa und leckte in aller Ruhe die Farbe von Charlies Körper, von der sie übersät war.

Sie trug nur ein Unterhemd. Auch das war mit der Farbe vollgespritzt.

Als wären viele schwere Steine in meine Beine hineingefallen, kam ich nur sehr langsam voran. Es war, als sähe ich Charlie in einer anderen Epoche dasitzen und müsste in Lichtjahren zu ihr gehen. Jeder meiner

Schritte war mindestens ein Jahrhundertschritt. Es machte mich wahnsinnig, dass ich so lange brauchte. Sie war doch zum Greifen nah! Doch mit jedem Zentimeter, den ich ihr näherkam, kam ich auch weiter von ihr weg. Es war, als würde ich Abstand gewinnen, obwohl ich auf sie zuging.

Jeden Schritt setzte ich in einen ihrer Fußabdrücke hinein, die sie auf den Dielen hinterlassen hatte. Überall diese Farbe. Rote Farbe, dieselbe Farbe wie im Hochhaus, nachdem Papa die Tür geöffnet hatte.

Und was machte Rosa da schon wieder mittendrin? Nach dem nächsten Schritt wurde aus dem glänzenden Gegenstand auf dem Kissen ein Messer. Ein großes Messer, mit dem ich die Person aufschlitzen wollte, die Charlie das hier angetan hatte.

Ihr rechter Arm war jetzt sauber. Rosa kümmerte sich nun um ihr Dekolleté.

Je länger sie leckte, umso deutlicher kamen Charlies Narben zum Vorschein. Es fühlte sich so an, als würde ich selbst ihre Haut ablecken. Jeden einzelnen Zungenstrich spürte ich und ich hatte den Geschmack von Blut auf der Zunge.

Als meine Knie in die Matratze einsanken und ich ganz nah vor ihr saß, da war ich mir endlich sicher, dass es ihr eigenes Blut war, das da an ihr klebte, dass ich niemanden aufschlitzen würde, weil niemand anderes für dieses Unglück verantwortlich war als Charlie selbst.

Als Rosa sich über ihr Gesicht hermachen wollte, schob ich sie weg und nahm Charlie in die Arme. Sie bebte, zitterte, vibrierte, alles, was ein Körper tun konnte, wenn er das absolute Gegenteil von ruhig war.

Ich würde sie so lange an mich drücken, bis sie langsamer atmete und bis ich die Narben auf ihrem Dekolleté glattgepresst hätte.

Diese verdammten Narben! Nur sie waren schuld an dem, was hier passiert war.

Mit diesen Narben hatte ich sie kennengelernt, diese Narben hatte ich gestreichelt. Aber mit diesen Narben hatte ich sie auch alleingelassen, ohne sie noch ein letztes Mal darauf anzusprechen, woher sie eigentlich kamen. Ganz bestimmt wäre es das letzte Mal gewesen, dass ich sie hätte fragen müssen. Sicher hätte sie es mir endlich erzählt. Aber ich hatte nicht gefragt. Ich war einfach ins Auto gestiegen und hatte mich nur auf meinen Teil unserer Geschichte konzentriert.

Natürlich hatte ich sie vermisst, hatte mich gefragt, was sie wohl gerade machte. Aber keine einzige Sekunde hatte ich über ihre Narben nachgedacht.

Sie waren zu Leberflecken geworden, zu Muttermalen, an deren Anblick ich mich gewöhnt hatte.

Ich hielt sie, so fest ich konnte. Unter all dem Blut erkannte ich den Geruch ihrer Haare. Ich fasste sie an, sie war ganz real.

Hinter uns hörte ich Wasser plätschern. Großvater wrang einen Lappen aus und wischte den Boden. Mit jeder Spur, die er verschwinden ließ, reduzierte sich Charlies Zittern.

Und auch die allerletzte Spur würde ich von ihr abwaschen. Wir würden in die Badewanne gehen und eine Woche darin sitzen bleiben, einen Monat, ein Jahr. Ich würde ihr das Blut abspülen, die Haare kämmen, den Stöpsel ziehen, das alte Wasser heraus- und sauberes Wasser nachlassen. Ich würde ihr den Rücken waschen, die Nägel schneiden, alles, was alt war, vernichten. Und ich würde die Narben einschäumen. Diese verdammten Narben. Sie wären immer noch da. Aber wir würden schon einen Weg finden, mit ihnen umzugehen.

Danke für euer Dasein und für eure Unterstützung:
Marion Pelny, Chio Schuhmacher, Magdalena Schrefel, Cathy de Haan, Josef Haslinger, Kristine Listau, Maria Antas, Rike Scheffler, Hans-Joachim Neubauer, Caroline Armand, Suvi Valli, Mikko Keskinen, Myriam Fleck, Lene Albrecht, Manuel Niedermeier, Lea Streisand, Nina Gruber und dem gesamten Haymon Verlag

Danke für die Stipendien, die mir die Arbeit an diesem Buch ermöglicht haben:
Stiftung Brandenburger Tor, Kunststiftung Sachsen-Anhalt, Kulturstiftung Thüringen

Die im Buch enthaltenen Zitate stammen aus:

S. 35/36: *Prometheus*, in *Goethe. Hundert Gedichte*, ausgewählt und zusammengestellt von Walter Lewerenz, Verlag Neues Leben Berlin, 1983, S. 197

S. 202: *I'm Beginning to See the Light*, Text: Don George, Musik: Duke Ellington, Johnny Hodges, Harry James, in der Version von Peggy Lee feat. Robert Norberg, enthalten im Album *Things Are Swingin'*, Capitol Records, LLC, 1959

Triggerwarnung: Triggerwarnungen nehmen auf Menschen mit traumatischen Erfahrungen Rücksicht. Aus subjektiver Sicht können diese Trigger von Bedeutung sein oder nicht, unabhängig davon, in welchem Kontext oder Medium sie sich finden. Auch fiktive Texte, wie zum Beispiel Romane, können triggern. Wir weisen deshalb an dieser Stelle auf Trigger im vorliegenden Buch hin: „Liebe / Liebe" konfrontiert dich mit sexueller Gewalt, Kindesmissbrauch und Selbstverletzung.

Die Autorin erhielt freundliche Unterstützung durch Werkstipendien der Stiftung Brandenburger Tor, der Kunststiftung Sachsen-Anhalt und der Kulturstiftung Thüringen.

Auflage:
4	3	2	1
2024	2023	2022	2021

© 2021
HAYMON verlag
Innsbruck-Wien
www.haymonverlag.at

ISBN 978-3-7099-8141-2

Inhaltliche Betreuung, Lektorat: Haymon Verlag / Nina Gruber
Projektleitung: Haymon Verlag / Judith Sallinger
Buchinnengestaltung nach Entwürfen von: himmel. Studio für Design und Kommunikation, Innsbruck / Scheffau – www.himmel.co.at
Satz: Da-TeX Gerd Blumenstein, Leipzig
Gestaltung von Überzug, Vor- und Nachsatz sowie Abbildungen auf Überzug, Vor- und Nachsatz: Sarah D'Agostino

Gedruckt auf umweltfreundlichem, chlor- und säurefrei gebleichtem Papier.